U0754253

子藏

名家部

人物志卷

1

華東師範大學「子藏」編纂中心編
總編纂　方勇
副總編纂　吴平

國家圖書館出版社

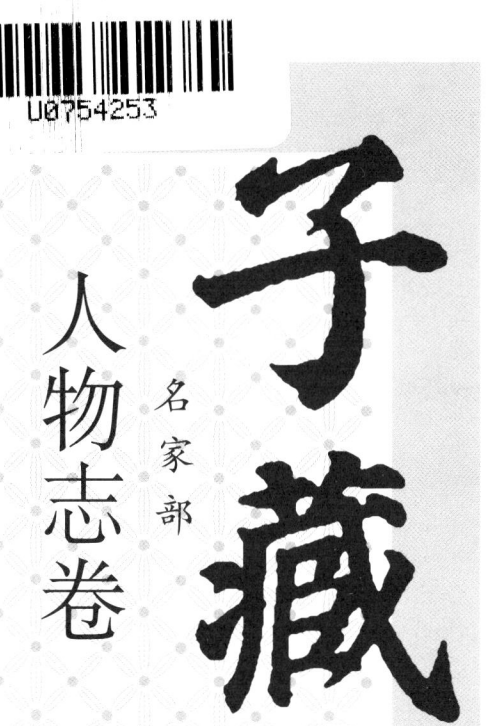

圖書在版編目(CIP)數據

子藏·名家部·人物志卷:全四册 / 方勇編著. -- 北京:國家圖書館出版社, 2016.12

ISBN 978-7-5013-5961-5

Ⅰ.①子… Ⅱ.①方… Ⅲ.①先秦哲學-研究②《人物志》-研究 Ⅳ.①B220.5②C96-092

中國版本圖書館CIP數據核字(2016)第242383號

書　　名　子藏·名家部·人物志卷(全四册)
著　　者　方　勇　編著
責任編輯　張愛芳　靳　諾
封面設計　敬人書籍設計工作室　呂敬人+呂旻

出　　版　國家圖書館出版社(100034　北京市西城區文津街7號)
(原書目文獻出版社　北京圖書館出版社)
發　　行　010-66114536　66126153　66151313　66175620
66121706(傳真)　66126156(門市部)
E-mail　nlcpress@nlc.cn (郵購)
Website　www.nlcpress.com→投稿中心
經　　銷　新華書店
印　　裝　河北三河弘翰印務有限公司
版　　次　2016年12月第1版　2016年12月第1次印刷

開　　本　787×1092(毫米)　1/16
印　　張　154.375

書　　號　ISBN 978-7-5013-5961-5
定　　價　2600.00圓

子藏

顧問委員會

總顧問：饒宗頤(中國香港)

顧　問：李學勤　徐中玉　卿希泰　陳鼓應(中國臺灣)
裘錫圭

學術委員會

主　任：傅璇琮

委　員：王水照　王葆玹　王鍾陵　方立天　朱傑人　邵　鴻
李炳海　吴　格　林慶彰(中國臺灣)　林其錟　周桂鈿
徐志嘯　徐有富　曹礎基　陸永品　許抗生
陳麗桂(中國臺灣)　畢來德［瑞士］　張雙棣　崔大華
楊國榮　趙逵夫　樓宇烈　劉笑敢(中國香港)　劉躍進
劉仲宇　鍾肇鵬　魏宗禹　譚家健　嚴佐之

編纂委員會

總 編 纂：方　勇
副總編纂：吳　平
委　　員：王　鐵　王國良　方　銘　何志華(中國香港)
沈乃文　李桂生　李似珍　李　波　李秀華
邵炳軍　周瀚光　林世田　武秀成　房鑫亮
高華平　貢華南　徐儒宗　徐莉莉　徐憶農
徐德明　耿振東　張湧泉　張　覺　張洪興
陳　静　陳　致　陳引馳　陳　贇　陳紅彦
陳正宏　陳先行　陳廣忠　陳志平　强　昱
章義和　曹書傑　眭　駿　崔志博　程水金
傅　剛　葉蓓卿　彭鴻程　楊　健　趙平安
臧克和　劉毓慶　劉志基　劉粱劍　劉康德
劉佩德　劉　兵　鄧國光(中國澳門)　廖名春
鄭曉霞　錢振民　戴揚本　簡光明(中國臺灣)
謝冬榮　嚴壽澂[新加坡]　羅　琳　羅争鳴
顧史考(Scott Cook)[美國]　龔　斌

出版委員會

主　任：羅國振
副主任：張志清
委　員：方自金　范　軍　姜　紅　莊輝明　徐　蜀　唐玉光
郭又陵　殷夢霞　許紅珍　張愛芳　賈貴榮　譚　帆
顧紅亮

（以上皆按姓氏筆畫排列）

《子藏》總序

方勇

宇宙綿邈，喈高才之陵替；時世移易，惟百家之代興。信乎諸子之爲顯學也！方今海内右文圖治，操觚懷鉛之士，希風前秀，争崇國學，穿穴百氏，出入九流，不惟後生小子，皆翕然從風，抑或百工商賈，亦欣然景慕矣。乃華東師範大學，敢以振興文教自任，啓動《子藏》工程，搜天下之遺籍，極百家之大觀，其霑溉子學，嘉惠來兹，蔑以加矣。今值是書成編，揆以古例，用製序文，以弁簡端云爾。

昔周道既微，諸侯放恣，上下失序，九流並作。孔丘祖述堯舜，憲章文武，修《春秋》，闢私學，哀其遺言，是爲《論語》。孟軻聞其風，慕而悦之，私淑有得，斯有《孟子》。老聃絶聖棄智，絶仁棄義，知雄守雌，知白守辱，因有《老子》。莊周以虚遠之説，恣縱之言，卮之寓之，重之覆之，遂成《莊子》。墨翟用夏政，倡兼愛，崇節儉，而《墨子》出焉。荀況尊孔氏之學，採衆家之長，而《荀子》備焉。若斯之儔，後先接踵，皆英才特達，奮其智慮，騰口舌以競辯，著文章以立説，乃中土學術之源頭，華夏文化之瑰寶也。

逮嬴政即位，滅典禁學，惟韓非、李斯，相繼鳴高，而百家競唱，頓失聲響。漢承秦政，亦鄙文事，然經世致用之學，廷議對策之文，實因君主望治，固已應運而生。若賈誼《過秦》《治安》，晁錯《賢良》《貴粟》，不讓戰國之縱横；陸賈《新語》、賈氏《新書》，比美諸子之盛藻。方是時也，文帝、竇后，推尊黄老，風被草上，士臣效焉。淮南劉安，廣致門客，纂成《鴻烈》，思以『統天下，理萬物』（《淮南子・要略》），旨近老莊，而博採孔、墨、陰陽、申、韓、黄老之學，至此而集大成。洎漢武改運，一尊儒術，諸家之説，悉摒弗用。迨元、成以還，揚雄著《法言》，王充成《論衡》，發論煌煌，復振子學。漢季士尚横議，王符作《潛夫》，荀悦張《申鑒》，踵武前修，經綸天下，無愧百家，諸子於是乎騰聲，著述以此而增價。

爰及魏晉，士習苟安，慮慕玄遠，爲學空追柱下，博物不離七篇。何晏、王弼之倫，依傍老聃，啓玄風之溟溟；嵇康、阮籍之儔，寄情莊周，避世情之炎炎。向秀、郭象之輩，雖乏奇藻，惟雅尚《莊子》，自有會心；司馬、崔譔之徒，咸有根柢，訓詁《莊》書，類多可述。凡此皆道家之餘響，俗世之殊韻也。嗣後南北懸隔，王道淪失，百家之書，學者未遑，非力有不逮，實世風之日替。然中流有在，綿綿若存，若葛洪《抱朴》，意新辭茂；元帝《金樓》、之推《家訓》、佚名《劉子》，皆識見非凡，不讓前秀。

李唐尊佛老，崇釋道，收士人之心，廣開科第，《老》《莊》《列》《文》，並駕六經，治子之風日盛，注述彬彬而出。然此爲梯進之媒，實非中心好之，固與魏晉玄士有間矣。趙宋謀國，權術是依，承安三教，意非進取。太宗、徽宗，寄心道流，而名士荆公、子瞻之倫，皆助瀾推波。是以老莊復興，闡述者衆，若陳景元、呂惠卿、王元澤、林希逸、褚伯秀，咸有可述。然正議格辯，亦復高漲。呂公著上書請禁，以爲：『主司不得出題老、莊書，舉子不得以申、韓、佛書爲學。』（《宋史·呂公著傳》）葉適則謂：『蓋周之書，大用於世者再，其極皆爲夷狄亂華、父子相夷之禍，然則楊、墨、申、韓之害，曾不若是之遠已！』（《水心先生別集·莊子》）固知老、莊、楊、墨、申、韓之跡未替，與儒學並世而異流矣。

明正德以還，王守仁高張宗旨，與朱子殊科。其後天下從風，若楊慎、焦竑、李贄、方以智者，天資既非尋常比，而筆底風雲，或以佛老通義理，或由莊周自照心，老莊浸盛，一時沛然不可禦者矣。而傅山力倡『經子不分』（《雜記三》），以爲『有子而後有作經者也』（同上），持論高曠，足以動俗。其於《老子》《莊子》《列子》《管子》《墨子》

《公孫》《鄧析》《荀子》《鬼谷》《亢倉》《尹文》《鶡冠》《商君》《淮南》，靡所不究，豈非近代子學之先聲耶！

清帝右文，但嚴於防備，爲政多忌，禁網重罹。故士憚不意之殃，下筆謹慎若寒蟬，放言之未敢，豈高論之煌煌！全身之計，惟耽樸學，此不得不然。高士若盧文弨、王念孫、洪頤煊、俞樾之儔，姚文田、江有誥、馬國翰、孫馮翼之輩，皆智在上人，學通四部，咸矻矻於辨音，肆意於考訂，孜孜於鉤韻，窮年於輯佚，無分經、子之畛域，一視而同仁。子學駸駸，同並經史，樸學實與有力焉。至於辭章之士，貝錦於百家，妙析文理，翫之不已。若林雲銘、宣穎、胡文英、劉鳳苞皆其儔也。清社既屋，政體更易，國運殊艱，禁網難張，兼以西學東漸，觀念開放，論述恣縱，横議隨心，亦勢所必然。如章炳麟、劉師培、聞一多、錢穆、馮友蘭、于省吾、王叔岷、陳奇猷諸公，或以其襟抱之寬博、氣度之恢奇，或以其視界之宏遠、思維之深邃，奮書申志，遥接華夏學術之慧命；鋪議精義，大明九流乎西學湯湯之時；提振子學，百家之説洋洋乎大興，厥功偉矣。

清季新學肇興，民智大張，承學之士，皆思撰述，或倡『西學源於諸子』之論，務欲張揚國粹。鄒伯奇以泰西科技、宗教、文字濫觴於《墨子》，薛福成以西洋電學、化學權輿於《莊子·外物》，張自牧以西人算學、重學、數學、聲學、熱學、光學、電學、化學、醫學、天文學、氣象學、地理學、機械學、測量學、植物學出自《墨子》《關尹》《淮南》《亢倉》《論衡》。鄧實《古學復興論》則謂：『墨荀之名學，管商之法學，老莊之神學，計然、白圭之計學，扁鵲之醫學，孫吳之兵學，皆卓然自成一家言，可與西土哲儒並駕齊驅者也。』如斯之類，皆有激於時，持論雖偏，無補於學術，然推挹九流，用昭萬邦，用心可謂良苦矣。

百年以來，地不愛寶，逸文故書，時有出土，關乎諸子者，在在而有。若敦煌之《老》《列》《莊》，黑水城之呂惠卿《莊子義》，馬王堆之《老子》，定州之《文子》，銀雀山之《孫子》《孫臏》《六韜》《尉繚》，雖殘損不完，亦可補上古文獻之不足，訂傳世文書之訛誤，其爲用也亦大矣。

觀夫百家競聲，流溉無已，至於近世，新境別開，動人心魄。其形諸文字，足以充棟，於六藝以外，蔚爲大國，而於中土文化，影響至鉅，且至深也。歷世通才碩學，或嗜古耽文者，豈能自外於此乎？

昔者莊周，慨百家衆技之蜂起，憫道術將爲天下裂，乃奮著《天下》之篇，放眼古今學問，歷敘其淵源之所自，風流之所及，舉凡墨翟、禽滑釐派，宋鈃、尹文派，彭蒙、田駢、慎到派，關尹、老聃派，莊周派，惠施、桓團、公孫龍派，靡不較論，褒貶偏至，歸宿大道。評較諸子，此爲濫觴。荀況明道，著爲《解蔽》，深譏諸子之偏弊，以爲『墨子蔽於用而不知文，宋子蔽於欲而不知得，慎子蔽於法而不知賢，申子蔽於勢而不知知，惠子蔽於辭而不知實，莊子蔽於天而不知人』，雖見機穎，未必服人；復爲《非十二子》之論，大類訶詈，皆有所激，難稱持平。惟其評騭諸子，流别部居，區分學派，若它囂、魏牟派，陳仲、史鰌派，墨翟、宋鈃派，慎到、田駢派，惠施、鄧析派，子思、孟軻派，仲尼、子弓派，臚陳列示，類多可徵，振響莊周之後，宜乎與《天下》並傳。其門人韓非，著《解老》《喻老》，融法入老，變混宗旨，曲柱下以非其義，意未深接，難免有狂躁之譏。然治老之作，實導乎此也。

炎漢司馬談，著爲《要指》，範圍學藝之名實，綜陰陽、儒、墨、名、法、道德六家，司判得失，先秦學術，大體粗定。劉歆復撰《七略》，增益縱横、農、雜、小説，定爲十家。此百氏分合之歸宿，家數定稱之厥初也。班固《藝文志》深探本源，論定諸子皆起於『王官』，曲承莊周《天下》『古之道術有在於是者』之論緒，觀流索源，惟義説爛漫而無可徵信。然於儒術得令之際，敢次列儒家於諸子之間，足見學術公論，不爲利禄所淹殺也。孟堅詮敘諸家，雖辟猶水火，然相滅亦相生，誠見理識。至於書録，儒家五十三，道家三十七，陰陽家二十一，法家十，名家七，墨家六，縱横家十二，雜家二十，農家九，小説家十五，統四千三百二十有四篇。十家著述載録，蓋云備矣。百世之下，班《志》所述，稽古猶須賴焉。

典午以後，簿録雲構，鄭默《中經》、荀勗《新簿》、王儉《七志》、阮孝緒《七録》、劉遵《梁東宫四部目録》，多承前志，别類各殊，然大勢所趨，則合爲四部，所謂甲、乙、丙、丁是也。迨《隋志》修纂，參酌先例，定名經、史、子、集，以代甲、乙、丙、丁，後世式焉。其子部則併班《志》諸子略、兵書略、術數略、方技略，所謂儒、道、法、名、墨、縱横、雜、農、小説、兵、天文、歷數、五行、醫方諸類是也。爾後簿録相承，遞爲損益，見備《四庫》，若儒家、兵家、法家、農家、醫家、天文演算法、術數、藝術、譜録、雜家、類書、小説家、釋家、道家咸歸子部，所謂『自六經以外立説者，皆子書也』（《四庫全書總目·子部總敘》）。

六朝以還，道術承變，頗思頡頏儒釋；羽流不甘，亦廣訪祕典，博搜奇編，彙爲道經。始則劉宋陸修静，總括三洞，校理目次，成《三洞經書目録》。唐人復輯《三洞瓊綱》，遞至趙宋，《寶文統録》《大宋天宫寶藏》《政和萬壽道藏》之集，煌煌矣。金、元刊刻，板亦漫滅。今存明正統《道藏》，收録凡五千三百零五卷；萬曆《續道藏》，凡一百八十卷，皆道典之總彙。清彭定求《道藏輯要》、閔一得《道藏續編》，近世守一子《道藏精華録》，續有增補。而諸子遺編，其涉道術者亦録其中，文獻有存，則『藏』之爲用亦大矣。

宋龔士卨始輯《五子纂圖互注》，所録五書，一曰《纂圖互注老子章句》，二曰《纂圖互注南華真經》，三曰《纂圖互注荀子》，四曰《纂圖互注揚子法言》，五曰《纂圖互注文中子》。後此以往，叢刻疊見。明李瀚《新刊五子書》、歐陽清《五子書》、張懋宷《楊升庵先生評注先秦五子全書》、許宗魯《六子書》、顧春《六子書》、陶原烺《六子全書》、謝汝韶《二十家子書》、陸明揚《紫薇堂四子》、吴勉學《二十子全書》、史起欽《諸子纂要》、董逢元《四子全書》、陳楠《四子書》、黄之宷《二十子》、張登雲《中立四子集》、閔齊伋《三子合刊》，皆明人標榜家數之遺風；復有周子義《子彙》、馮夢禎《先秦諸子合編》、方疑《且且庵初箋十六子》、佚名《合諸名家批點諸子全書》、汪定國《諸子褒異》、歸有光《諸子彙函》，清有吴鼒《韓晏合編》、王子興《十子全書》、王纕堂《廿二子全書》、馮雲鵷《聖門十六子書》、崇文書局《子書百家》、浙江書局《二十二子》、鴻文書局《二十五子彙函》、育文書局《子書二十八種》，民國有五鳳樓主人《子書四十八種》、陳乃乾《周秦諸子斠注十種》、國學整理社《諸子集成》，則學術爲宗，入門稱便。若斯之類，陳陳相因，或採擇未精，或板刻漫漶，然其別裁分體，或配隸自殊，或槖函衆家，或籠罩百氏，不惟惠及學人，即今從事編纂，亦可酌採其法，漁弋其所録之文也。

縱覽千祀，詳觀衆志，目録所載，子部所列，不啻充棟汗牛，抑亦塞乎區宇矣。然歷世編録，子部所收，端緒茫如，最稱龐雜，舉凡淩雜不倫，無可附麗者，皆可強入之，不足以爲準式。且儒者用心，排斥異端，官方纂輯，六藝爲先，子書非所矚目也。若《四庫》標榜『全書』，所收《管子》《晏子》《老子》《莊子》《墨子》《商君》《荀子》《韓子》《吕覽》《淮南》白文本，與乎相關研治之著作，僅得數十。宋明以還，雖好事者恒有，動輒災梨禍棗，刊爲子書叢編，亦不過攫要摘精，豈可窺其大全乎！兩岸隔絶之日，臺灣有嚴靈峰者，用展襟抱，旁搜廣輯，日有孜孜，於《老》《列》《莊》《墨》《荀》《韓》諸子，所得甚夥，影印成編，彙爲《無求備齋諸子集成》，功駕前人之上。然嚴公以一己之力，雖黽勉從事，蓋有不支焉。且以一水相隔，子學卷帙所儲，實以大陸爲富，而得之爲難，豈可諧其夙願！又爲技術所限，所印六子集成，模糊不清者，蓋居其泰半，學人多病之，可爲歎息者也。

今海内昇平，文運昭回，凡志懷天下者，莫不欲高翥青冥，周覽八極，收古今政道人生之智慧，綜歷代成敗得失之經驗，鑒别中西學藝，重建強國話語，亟思奮勵，所以修齊而治平也。華東師範大學，用敢以振興文命自任，以副天下之望，遂勉先秦諸子研究中心垂意，廣徵高識學人，搜四方遺文，綜百家大觀，嘉惠學人，貽功來葉。予雖不敏，豈敢不勉！先是創辦《諸子學刊》，用弘斯業；繼而編纂《子藏》，求全且精，庶或無愧於古人，而來葉知所歸。年前春三月，禮邀宿儒碩學，共論滬上。大德如傅璇琮、卿希泰、陳鼓應、許抗生、陸永品、王水照、蕭漢明、張雙棣、趙逵夫、鄭傑文、張湧泉、廖名春諸先生，皆慷慨相持，莫不奮言，學人共識，皆融此際。未克與會之李學勤先生，欣然惠賜雅論，亦云：『如能彙集成爲《子藏》，實在是功莫大焉。』是知編纂《子藏》，乃人心之所向，爲時代之事業，以故當下起行，一往無前也。

夫『子藏』者，言網羅放佚，次第編摩，俾子學遺籍，盡彙一藏也。『藏』爲儲物之所，佛典之總謂《佛藏》，道經之彙稱《道藏》。今總彙子學遺編，則謂之《子藏》也。蓋漢孝武以還，儒術獨尊，莫與比盛，公私册府，皆庋藏其籍，而他家子書，則多散佚，難以尋覓，故採掇搜羅，彙爲一藏，與天下共之，其嘉惠學林也甚溥矣哉！

劉勰云：『諸子者，入道見志之書。』（《文心雕龍·諸子》）誠哉斯言！然披觀志録，子部配隸，殊有可議。如《漢志》所列『農家』，多勸農桑，或言耕稼之書；『小説家』則有《周考》二十六篇，班固自注曰『考周事也』，亦非『入道見志』之書明矣。《隋志》合《漢志》諸子略、兵書略、術數略、方技略而爲『子部』，歸攝天文、歷數、五行、醫方，此皆方術，殊非見志。《四庫》『子部』，旨在兼包，採擇失統，諸如推步、算書、數學、占候、相宅相墓、占卜、命書相書、陰陽五行、雜技術、書畫、琴譜、篆刻、器物、食譜、雜學、雜考、雜説、雜品、雜纂、雜編、雜事、異聞、瑣語，無所不包，門類有失於冗雜。然沿用已久，積非成是，見諸《中國叢書綜録》。準是以求，則津逮多迷，雜學充斥，而子學『入道見志』之旨，益惑於簿録。今之治子學者，若尤而效之，援爲法戒，則必長見笑於大方之家矣。

若乃觀諸叢刻，宋明以降，『子學』固與『子部』別矣。其中尚見疑似者，如王纕堂《廿二子全書》録《古三墳》一卷、《忠經》一卷、《農説》一卷、《佛説四十二章經》一卷、《葬經》一卷，崇文書局《子書百家》録《齊民要術》十卷、《焦氏易林》四卷、《燕丹子》三卷、《山海經》十八卷、《海内十洲記》一卷、《搜神記》二十卷、《博物志》十卷，浙江書局《二十二子》録《竹書紀年統箋》十二卷、《補注黄帝内經素問》二十四卷，皆非入道之書，亦無關見志。惟嚴靈峰輯《無求備齋諸子集成》，並《周秦漢魏諸子知見書目》，去取之間，頗具識力，足資參詳。

揚搉古今，參稽舊説，折衷群議，雜以私意，輒以爲《子藏》之『子』，當取思想史『諸子百家』之『子』，而非因襲目録學『經、史、子、集』之『子』也。善乎章炳麟《諸子略説》所言：『所謂諸子學者，非專限於周秦，後代諸家，亦得列入，而必以周秦爲主。』持是以求，本藏所録，非止先秦，其漢魏六朝之子書，並歷世學人校覈、注釋、研究專著，皆搜羅盡備。故子書正言，可得而理，曰：《老子》《莊子》《墨子》《子華子》《管子》《鬻子》《晏子》《鄧析子》《文子》《尹文子》《亢桑子》《惠子》《公孫龍子》《曾子》《子思子》《孔子家語》《孔叢子》《商君書》《慎子》《申子》《尸子》《鬼谷子》《孫子》《吳子》《司馬法》《尉繚子》《六韜》《三略》《素書》《關尹子》《鶡冠子》《陰符經》《荀子》《韓非子》《呂氏春秋》《新語》《新書》《淮南子》《春秋繁露》《鹽鐵論》《新序》《法言》《太玄》《桓譚新論》《白虎通》《論衡》《獨斷》《中論》《申鑒》《昌言》《傅子》《抱朴子》《金樓子》《劉子》，流別清晰，皆子學之本體。若以思想史言之，儒術本爲子學，視彼《漢志》，即以《孟子》入諸子。訖乎『五四』，儒學受挫，學者堅稱，《論語》《孟子》，亦莫非子學，故《諸子集成》以置簡首。以彼例此，《子藏》亦當録之，方可名副其實，而此二書，亦體有所適，義有攸歸焉。至於歷世校覈、注釋、研究專著，録止於民國卅八年（一九四九），而出土簡帛，其有關乎諸子者，則下限無隔。

《子藏》之纂，要義有二，一曰『全』，二曰『精』。『全』也者，即凡例合收録原則者，務必搜盡無餘，俾世之治是學者，得盡窺全豹焉。『精』也者，仿《四部叢刊》之法，版本必善，務欲精益求精，庶無貽譏於大方也。故手稿、抄本，搜輯具備，用昭册府；諸印本並存者，則較善甄擇，然後去取焉。明清以還，傳學多有眉批、圈點，皆足見讀者會心，若標點整理，或僅摘版心，縮小影印，則大失原意，此學者之所病也。《子藏》版面，設爲十六開本，原大影印，以存本真，不施點畫，以免重蹈諸叢編之失。全藏收書，約計五千。今視阮孝緒《七録》，析『子兵録』爲十一部，若『儒部』、『道部』、『法部』、『名部』、『墨部』、『雜部』、『兵部』是也；又《道藏》分『洞真』、『洞玄』、『洞神』、『太玄』、『太平』、『太清』、『正乙』諸部，佛藏亦多分部以統衆經。故《子藏》特設諸『部』，以標識各家，分攝衆子，亦利分輯刊行，士林稱便焉。並爲衆著，各製提要，按子系列，先出單行之本（較小系列作適當合併），後則彙爲總目提要。提要其備，務求準確簡要，著者生平、世次、爵里，悉爲臚列，以爲知人論世之資；簡述内容，大體先存焉；詳敘版本流變，讀者知所用力焉。

然則《子藏》之纂，廣搜博採，薈萃群籍，若渤澥納百川之流，太倉聚萬斛之粟，自有子書以來，無有如斯之富有美備，蔚然稱盛，不特册府藉資充盈，用垂久遠，凡四方治子學者，蓋不俟於遐搜之力，患乎旁稽之艱，亦可愜意饜心，足資觀覽矣。惟工程浩大，周折殊多，且是非交至，弗暇接將。然一意學術，雖千萬人，吾往矣。志意既立，則義無反顧；

兼且諸路（涉及文學、史學、哲學、文獻學等）學者之鼎力支持，四方同仁之通力合作，公私庋藏，若中國國家圖書館、中國科學院圖書館、上海圖書館、南京圖書館、北京大學圖書館、復旦大學圖書館、北京師範大學圖書館等，莫不相助，編纂遂稱順利。信乎夫子之言，德不孤，必有鄰也！

辛卯（二〇一一年）仲秋謹撰

前言

劉佩德

《子藏·名家部·人物志卷》共收書二十五種，整合爲精裝十六開本四册予以出版。本卷收録先秦至民國時期目前所知有關《人物志》白文本、節選本、批校本及各類研究著作等，集《人物志》各種版本及研究文獻之大成。

一

劉邵，字孔才，廣平邯鄲（今河北省邯鄲市）人，生卒年及家世不詳。劉邵之名，有兩種記載，一作『劭』，以《三國志·魏書·劉劭傳》爲代表；一作『邵』，以《隋書·經籍志》爲代表，傳世諸多刻本大多作『邵』。學界亦依此而統一作『邵』。今暫依《隋書·經籍志》所載統一作『邵』。又陸德明《經典釋文》卷一劉邵下注曰：『一云劉熙』，不知何據，録以備考。

劉邵初爲計吏。《後漢書·百官志五》云：郡國『歲盡遣使上計』，則計吏爲年終各郡國向中央政府奏報一年情況之遣使官。這一職位並非常設，多爲郡國長官臨時指派。儘管不入品位，對郡國與中央關係所起之作用却至關重大。劉邵能够擔任向中央奏報一年内郡國情況的遣使官，説明其才能卓著，且深受郡國長官信任。劉邵至尚書令荀彧處匯報郡國情況，恰逢朝臣議論是否因日蝕而輟朝之事。劉邵認爲，儘管典籍有因日蝕而廢朝的相關記載，但聖人制定禮制並未提及因天象變異而廢朝禮，因此劉邵主張繼續朝議。荀彧然其言，朝議不改。此後，劉邵是否留任許都則不得而知。建安末，御史大夫郗慮徵召劉邵，恰逢郗慮被免職，劉邵轉任太子舍人，又遷秘書郎，由此進入曹丕幕僚之内。

曹丕篡漢之後，劉邵任尚書郎、散騎常侍，並受詔集五經群書。因此之便，著《皇覽》一書。明帝時，出爲陳留太守，因有政績，拜騎都尉，與庾嶷、荀詵等定科令，作《新律》十八篇，又著《律略論》，又遷散騎常侍。明帝聞其曾作《趙郡賦》，命作《許都賦》《洛都賦》，劉邵借此諷諫當時朝廷『外興軍旅，内營宫室』之弊。

景初中，受詔作《都官考課》七十二條，又作《説略》一篇。又著《樂論》十四篇，另有《法論》《人物志》諸作。正始中，賜爵關内侯。卒，追贈光禄勳，子琳嗣其位。

除以上所著外，《舊唐書·經籍志》載《劉邵集》二卷，《新唐書·藝文志》載其《古文孝經注》一卷。

明萬斯同《儒林宗派》卷四將劉邵列入魏諸儒之内，位於杜恕、杜寬兄弟之後。明帝時博求賢才，散騎常侍夏侯惠舉薦劉邵，評曰：『伏見常侍劉劭，深忠篤思，體周於數，凡所錯綜，源流弘遠，是以群才大小，咸取所同而斟酌焉。故性實之士服其平和良正，清静之人慕其玄虛退讓，文學之士嘉其推步詳密，法理之士明其分數精比，意思之士知其沉深篤固，文章之士愛其著論屬辭，制度之士貴其化略較要，策謀之士贊其明思通微，凡此諸論，皆取適己所長而舉其支流者也。』（《三國志·魏書·劉劭傳》）由此看來，則劉邵幾爲通才。他不僅精通儒學（受詔集五經群書、著《皇覽》《樂論》），還精通法理學（作《新律》《法論》）、用人選官（受詔作《都官考課》）等知識，也難怪夏侯惠如此評價劉邵。

劉邵著述甚豐，涉及範圍也很廣。嚴可均《全上古三代秦漢三國六朝文》載其殘篇多種，今所存完整者僅《人物志》一書。

《人物志》最早見載於《三國志》，《隋書·經籍志》著録《人物志》三卷，列入名家類。歷代書目、書志大多遵從《隋書·經籍志》，將《人物志》列入名家。《四庫全書總目》認爲：『所言究悉物情，而精覈近理，視尹文之説兼陳黄、老、申、韓，公孫龍之説惟析堅白同異者，迥乎不同。蓋其學雖近乎名家，其理則弗乖於儒者也。』四庫館臣可謂深得《人物志》之精髓。然後世所謂名家，已不同於先秦之名家，故所收書之範圍亦不僅限於先秦名家典籍。但四庫館臣論《人物志》之學原本儒家，則大體不差。

北朝十六國時期，敦煌人劉昞曾注《人物志》。《魏書·劉昞傳》載昞字延明，家世儒學，歷仕西涼、北涼、北魏三朝，著作有《略記》《涼書》《敦煌實録》《方言》《靖恭堂銘》，注《周易》《韓子》《人物志》《黄石公三略》。四庫館臣評其《人物志注》曰：『不涉訓詁，惟疏通大意，而文辭簡古，猶有魏晉之遺。』評價不可謂不高。

今所傳《人物志》均爲三卷十六篇，大多都保留了阮逸、文寬夫、宋庠三人的序跋。據阮逸序，他自史部中見到《人物志》一書，決定將其傳諸於世。阮逸、文寬夫、宋庠同爲北宋天聖年間進士，《人物志》付板雕印，大概在此之後。今存最早的傳本是明嘉靖八年（一五二九年）顧定芳刊本。據顧氏序，其所據底本是從巘山伯氏處借得的抄本刊刻而成，巘山伯氏抄本已不知去向。因其所據底本爲抄本，故多有闕文之處。

民國時，張元濟主持編《四部叢刊》，收明本《人物志》，題曰明正德刊本，後經傅增湘、王重民等先生辨證，並非正德刊本，而是明隆慶六年（一五七二年）鄭旻刊本。鄭旻時爲歸德府知府，他曾組織刊印《人物志》。明萬曆二十年（一五九二年）劉用霖以隆慶本爲底本重新雕印，清乾隆間修《四庫全書》，館臣又以劉本爲底本編入《四庫全書》。劉本今已不知去向，《四庫全書》本保留了劉用霖的序。明萬曆間程榮刊《漢魏叢書》，所收《人物志》有鄭旻跋、劉用霖附題，可知其也是以劉本爲底本，此後的《廣漢魏叢書》《增訂漢魏叢書》又據《漢魏叢書》本雕印，則其所據底本均可追溯到鄭旻刊本。明萬曆五年李茼重刊《人物志》，卷首附有鄭旻跋，則李茼刊本所據底本亦爲鄭旻刊本。清嘉慶間張海鵬編《墨海金壺》，所收《人物志》卷首附四庫館臣撰《人物志提要》，卷末附王三省後序、文寬夫跋，其所據底本應爲《四庫全書》本，則其源頭也可追溯至鄭旻刊本。此後，清錢熙祚刊《守山閣叢書》及民國間刊《畿輔叢書》均以《墨海金壺》爲底本，亦可追溯至鄭旻刊本。《龍溪精舍叢書》則以《守山閣叢書》參中州彭氏本刊，中州彭氏本爲清乾隆十三年（一七四八年）彭家屏刊本。據彭氏跋，其所刊《人物志》是以宋本爲底本，參校明本而成，且彭本中有多處字句缺損，與《墨海金壺》本大多相合，兩種本子或許存在一定聯繫。民國時中華書局《四部備要》所收《人物志》，據書前説明乃是據金臺本校刊。查閱相關資料，未見有關金臺之相關記載。經過校勘，發現其中字句殘缺之處多與《墨海金壺》本相同，『金臺』可能是『金壺』之誤。

以明萬曆十年胡維新所刊《兩京遺編》本《人物志》爲代表，清光緒間刊《益雅堂叢書》、清初刊本等，僅保留了劉昞各篇篇題下注文，在《人物志》傳本中較有代表性。此外，南京圖書館藏明抄本、中國國家圖書館藏清抄本，也是今存《人物志》傳本中比較有代表性之傳本。

明人唐琳所編《快閣藏書》也收有《人物志》一書，惜此書流傳不廣，未覓得傳本。梁滿倉譯注《人物志》前言中還提及《玉尺山房術數奇書》本，今亦未見，録此備考。

三

魏明帝曹叡景初間，劉邵受詔作《都官考課》七十二條，爲曹氏政權制定考核官吏之辦法，並作《説略》予以説明，這些條令成爲其撰述《人物志》之基礎。由此也可知《人物志》一書之主旨。大體而言，《人物志》思想主要有以下幾個方面：

第一，儒本位思想。劉邵在《人物志序》中敘述其撰述緣由曰『是以聖人著爻象則立君子小人之辭，敘《詩》志則別風俗雅正之業，制禮樂則考六藝祇庸之德，躬南面則援俊逸輔相之材』，以儒家思想爲立論依據。劉邵認爲，上品人以『中和最貴』（《九徵》），人之品性也隨仁、義、禮、智、信五種道德品質之高低而有所不同，這是品評人才之基礎，由此產生了九徵、衆材、八能等分類標準，也提出了察知人才之偏失。

第二，九徵論。所謂九徵，乃是作者總結出的九種鑒別人才的方法。劉邵認爲，『人物之本，出乎情性。』（《九徵》）劉昞更進一步，主張『人物情性，志氣不同』（《九徵》篇題下注），點出《九徵》篇的主旨。九徵指人的九種內外特徵，即：精神、感情、筋腱、骨骼、氣息、臉色、儀表、容貌、語言。通過對這九種特徵的考察，可以區分人才的高低：

表裏一致是爲中和之才，爲人才最高品第；表裏大體一致爲中庸之才，次中和之才一等；表裏不和乃『人才之末流』（《九徵》），不在品評之内。具體而言，以陰陽變化、五行終始、五德論爲出發點，通過對人才這九種特徵的綜合考量，將人才分爲三等。

第三，劉邵論人注重性情，這也與魏晉時期的思想主流相吻合。他將性情分爲十二類（《體别》），又將『偏材之人』（《體别》）依據性情也分爲十二類，以性情劃分人才。

第四，衆材説。劉邵將人的基本才能分爲德、法、術三類（《流業》），又依據每類人才不同的功用，分爲十二類，在德、法、術三個大類指導下，根據每種人才的特徵，歸納其長處與短處。

第五，八能説。由德、法、術出發，劉邵又將人的才能分爲八種：自認之能、立法使人從之之能、消息辯護之能、德教師人之能、行事使人譴讓之能、司察糾摘之能、權奇之能、威猛之能（《材能》），所具有的能力不同，在現實中的任使也就不同。劉邵還分析了這八種材能之人任職的得與失，這是以能力劃分人才。

第六，七繆論。在分析了不同人才的長處與短處之後，劉邵又從『察譽有偏頗之繆』

『接物有愛惡之惑』『度心有大小之誤』『品質有早晚之疑』『變類有同體之嫌』『論材有申壓之詭』『觀奇有二尤之失』（《七繆》）七個方面分析了人才難識的原因。

劉邵論人以性情與才能結合，先由人的性情論引出了九徵説，進而又依人性情不同而將人才分爲十二類。又根據十二類人才的不同性情，在德、法、術的指導下，將人才分爲六材、八材、十二材幾種不同類别，這是依據性情兼顧德、法、術三材而劃分的人才類别。由此可見，劉邵考察人才的原則兼顧了人本身的性情與材質，是内外兼顧的用人、察人法，能够比較客觀地識人、用人。

四

《漢書·藝文志》收名家類著作七家三十六篇，四家亡佚，唯存《鄧析子》《尹文子》《公孫龍》三家。班固叙述其淵源曰：『名家者流，蓋出於禮官。古者名位不同，禮亦異數。』自鄧析、公孫龍等人之後，名家再無流傳。漢末魏晉時期的名家已不同於先秦時期的名家，先秦名家重名實真假之討論，而魏晉名家則以識鑒人才之名實關係爲主，重在識人、用人。儘管魏晉名家有别於先秦名家，但從根本上講，二者均以探討名實關係爲主，故《隋書·經籍志》亦將魏晉名家著作與先秦名家典籍一併入名家類。《子藏·名家部·人物志卷》遵循這一原則，將《人物志》列於名家部内。《人物志》文獻資料除嚴靈峰《周秦漢魏諸子知見書目》中所列篇目外，尚未見相關輯録文獻問世。本着《子藏》『求全且精』的指導方針，輯得《人物志》不同刻本、選本、研究論著等二十五種。在遴選方面，主要體現出以下幾個特點：

收書較全。《人物志》自宋本以下，將近二十種傳本（包括抄本，不包括選本），除個别不知去向的傳本外，本卷均予以收録，力争全面地反映《人物志》版本系統。

注重校跋本的收録。名人校跋不僅使得今人一睹前賢手跡，更爲重要者，爲後世學者提供更爲豐富的研究資料。《子藏·名家部·人物志卷》所收有南京圖書館藏清莫棠校跋本、清丁丙跋本、清王韜跋本，中國國家圖書館藏清王鉞跋本，上海圖書館藏清田普實校本，這些本子不僅刊本在《人物志》衆多傳本中較有特色，且莫棠、丁丙、王韜、王鉞、田普實等人的校跋也是極爲難得的珍貴文獻。

關注稿抄本。明嘉靖八年，上海人顧定芳自儼山伯氏處借得《人物志》抄本，據此雕印

《人物志》，是爲今存最早的《人物志》傳本。其所據儼山伯氏抄本，也是現今所知較早的抄本。儼山伯氏抄本今已不知去向。今存抄本本卷均設法收入，以完整體現《人物志》流傳過程。

二〇一六年十月

凡例

一、依據《子藏》『求全且精』的原則，本卷收録《人物志》白文本、節選本、批校本及相關研究著述共二十五種，整合成精裝十六開本四册影印出版。提要另行出版。

二、本卷所收各書，略以著者生年先後爲序。然自晚清以來，出書年代間隔不斷縮小，晚輩所著或在長輩之前，所以於『略以著者生年先後爲序』原則外，亦不乏視實際情況作適當調整者。

三、每種書原則上收録最初刊印者，但如有後出轉精的刊本，則視具體情況而定。如有刊本與稿本或抄本並傳者，原則上皆予收録，以便讀者窺其全貌。如劉昞注本《人物志》，今存最早刊本爲明嘉靖八年顧定芳刊本，此後明刊本、清刊本、明抄本、清抄本、民國刊本衆多，本卷依據刊刻年代，擇優選取，力争全面反映《人物志》的版刻系統。

四、本卷所收著作，原則上都採用原書全稱。如所收僅爲某書一部分，不便於使用原書全稱者，則作適當處理。如陳仁錫《諸子奇賞》、李寶淦《諸子文粹》、張文治《諸子治要》等，分别酌情改稱《人物志奇賞》《人物志文粹》《人物志治要》。

五、《人物志》作者劉邵之『邵』字有三種寫法：一爲『劭』，以《三國志·劉劭傳》爲代表；一爲『卲』，以《隋書·經籍志》爲代表，明隆慶六年鄭旻刊本、明萬曆五年李茼刊本等均作『卲』；一爲『邵』，民國十六至二十三年上海中華書局排印《四部備要》本等作『邵』。今依學界通識，本卷著録信息中作者項統一作『邵』。

總目録

第一册

人物志三卷　（三國魏）劉邵 撰　（北魏）劉昞 注　（清）莫棠 校並跋　明嘉靖八年（1529）顧定芳刊本……一

人物志三卷　（三國魏）劉邵 撰　（北魏）劉昞 注　李盛鐸 跋　明隆慶六年（1572）鄭旻刊本……一七五

人物志三卷　（三國魏）劉邵 撰　（北魏）劉昞 注　明隆慶六年（1572）梁夢龍刊本……三四九

人物志三卷（卷上）　（三國魏）劉邵 撰　（北魏）劉昞 注　（清）王鉞 跋　明萬曆五年（1577）李茼刊本……五一七

第二册

人物志三卷（卷中至下）　（三國魏）劉邵 撰　（北魏）劉昞 注　（清）王鉞 跋　明萬曆五年（1577）李茼刊本……一

第三册

人物志三卷　（三國魏）劉邵　撰　（北魏）劉昞　注
清道光二十四年（1844）金山錢氏依《墨海金壺》刊版重編增刊《守山閣叢書》本……三四五
人物志三卷　（三國魏）劉邵　撰　（北魏）劉昞　注
清光緒五年（1879）定州王氏謙德堂刊《畿輔叢書》本……四三七
人物志三卷　（三國魏）劉邵　撰　（北魏）劉昞　注
清光緒九年（1883）刊《益雅堂叢書》本……五六七

第四册

人物志三卷　（三國魏）劉邵　撰　（北魏）劉昞　注
清抄本……一
人物志三卷　（三國魏）劉邵　撰　（北魏）劉昞　注
民國六年（1917）潮陽鄭氏刊《龍谿精舍叢書》本……一三三
人物志三卷　（三國魏）劉邵　撰　（北魏）劉昞　注
民國十六至二十三年（1927—1934）上海中華書局刊《四部備要》本……二二三
人物志　（明）張邦翼　選
明萬曆四十六年（1618）曾熹丙刊《漢魏叢書鈔》本……三一五
人物志奇賞　（明）陳仁錫　撰
明天啓六年（1626）刊《諸子奇賞》本……三三一

劉子人物志　（明）陳仁錫 評選
明崇禎七年（1634）刊《奇賞齋古文彙編》本……三九九
人物志　（明）張運泰 余元熹 彙評
清刊《漢魏六十名家》本……四六一
人物志文粹　李寶淦 撰
民國六年（1917）上海商務印書館排印《諸子文粹》本……五三一
人物志舉正　孫人和 撰
民國十八年（1929）刊《國立北平圖書館月刊》第三卷第一號……五四七
人物志治要　張文治 撰
民國十九年（1930）上海文明書局排印《諸子治要》本……五五七

第一册目録

人物志三卷　（三國魏）劉邵 撰　（北魏）劉昞 注　（清）莫棠 校並跋　明嘉靖八年（1529）顧定芳刊本 …… 一
人物志三卷　（三國魏）劉邵 撰　（北魏）劉昞 注　李盛鐸 跋　明隆慶六年（1572）鄭旻刊本 …… 一七五
人物志三卷　（三國魏）劉邵 撰　（北魏）劉昞 注　明隆慶六年（1572）梁夢龍刊本 …… 三四九
人物志三卷（卷上）　（三國魏）劉邵 撰　（北魏）劉昞 注　（清）王鉞 跋　明萬曆五年（1577）李苛刊本 …… 五一七

人物志三卷

（三國魏）劉卲　撰　（北魏）劉昞　注　（清）莫棠　校並跋

明嘉靖八年（1529）顧定芳刊本

卷三

凡物志 上

明嘉靖癸未

銅井文房藏

人物志序

阮逸撰

人性爲之原而情者性之流也性發於內情導於外而形色隨之故邪正態度變露莫狀溷而莫睹其眞也惟至哲爲能以材觀情索性尋流照原而善惡之迹判矣聖人没諸子之言性者各膠一見以倡惑於後是俾馳辨鬬異者得肆其說蔓衍天下

故學者莫要其歸而天理幾乎熄矣予好
閱古書於史部中得劉邵人物志十二篇
極數萬言其述性品之上下材質之兼偏
研幽摘微一貫於道若度之長短權之輕
重無銖髮蔽也大抵考諸行事而約人於
中庸之域誠一家之善志也由魏至宋歷
數百載其用尚晦而鮮有知者吁可惜哉
矧蠹篆淺技無益於教者猶刊鏤以行於

世是書也博而暢辨而不肆非衆說之流也王者得之爲知人之龜鑑士君子得之爲治性脩身之櫽栝其効不爲小矣予安得不序而傳之嬈夫良金美玉籠櫝一啓而觀者必知其實也

人物志 有序

魏散騎常侍劉　邵　撰

凉儒林祭酒劉　昞　注

夫聖賢之所美莫美乎聰明（天以三光著其象人以聰明邵其度）聰明之所貴莫貴乎知人（聰於書計者六藝之一術明於人物者官材之總司）知人誠智則衆材得其序而庶績之業興矣是以聖人著爻象則立君子小人之辭（君子者小人之師小人者君子之資師資相成其来）

尚叙詩志則別風俗雅正之業九土殊風五方異俗矣是以聖人立其教不易其方制其政不改其俗制禮樂則考六藝祇庸之德雖不易其方常以詩禮為首雖不改其俗常以孝友為本躬南面則揆俊逸輔相之材皆所以達眾善而成天功也繼天成物其任至重故求賢舉善常若不及天功既成則並受名譽忠臣竭力而効能明君得賢而高枕上下忠愛謌謳何從生哉是以堯以克明俊德為稱舜以登庸二八為功湯以援有莘之賢為名文王

以翠湖濱之叟爲貴由此論之聖人雖處

孰不勞聰明於求人獲安逸於任使者

寧士飯牛秦穆所以霸西戎一則仲父齊桓所以成九合是故仲尼不

試無所援升猶序門人以爲四科泛論衆

材以辨三等學德行爲四科之首敘生知爲三等之上明德行者道義之門賢志氣者材智之根也又歎中庸以殊聖人之德中庸之德其至矣乎人鮮久矣雖聖人能之也尚德以勸庶幾之

論顏氏之子其殆庶幾乎三月不違仁乃窺德行之門若非志士仁人希邁之性

日月至焉者豈能終之訓六蔽以戒偏材之失仁者愛物
蔽在無無斷信者露誠蔽在無隱此偏材之常失也思狂狷以通拘
抗之材或進趨於道義或潔己而無為在上者兩順其所能則拘抗並用
疾悾悾而無信以明為似之難保厚貌深情聖人
難之聽其言而觀其所為則似託不得逃矣又曰察其所安觀
其所由以知居止之行言必契始以要終行必觀初以求卒
討中外之情則可觀矣人物之察也如此其詳不詳察則
官材失其序而庶政之業荒矣是以敢依聖訓志序人物

庶以補綴遺忘惟愽識君子裁覽其義焉

人物志目錄

上卷

中卷

人物志卷上

魏　散騎常侍劉邵撰
凉　儒林祭酒劉昞注

九徵第一

人物情性志氣不同徵神見貌形驗有九

蓋人物之本出乎情性性質禀之自然情變由於染習是以觀人察物當尋其性質也情性之理甚微而玄非聖人

之察其孰能究之哉知無形狀故常人不能覩惟聖人目擊而照之凡有血氣者莫不含元一以爲質質不至則不能涉寒暑歷四時稟陰陽以立性性資於陰陽故剛柔之意別矣體五行而著形骨勁筋柔皆稟精於金木苟有形質猶可即而求之由氣色外著故相者得其情素也凡人之質量中和最貴矣質白受采味甘受和中和者百行之根本人情之良田也中和之質必平淡無味惟淡也故五味得和焉若苦則不能甘矣若酸也則不能鹹矣故能調成五材變化應節

平淡無偏群材必御致用有宜通變無滞是故觀人察質必先
察其平淡而後求其聰明譬之驥騄雖超逸絕羣若氣性
不和必有毀衘碎首决胷之禍也聰明者陰陽之精离目坎耳
視聽之所由也陰陽清和則中叡外明聖人淳耀
能兼二美知微知章耳目兼察通幽達微官材授方舉無遺失
自非聖人莫能兩遂雖得之於目或失之於耳故明白
之士達動之機而暗於玄慮達於進趨而暗於止靜以
之進趨則欲速而成疾以之深慮則抗奪而不入也玄慮之人識靜

之原而困於速捷性安沉默而智乏應機以之閑靜則玄微之道構以之濟世則勁捷而無成猶火日外照不能內見金水內暎不能外光人各有能物各有性是以聖人任明白以進趨委守成於玄慮然後止得節出處應宜矣動二者之義蓋陰陽之別也陽動陰靜乃天地之定性況人物乎若量其材質稽諸五物五物之徵亦各著於厥體矣筋勇色青血勇色赤中動外形豈可匿也其在體也木骨金筋火氣土肌水血五物之象也五性者成形之具五物爲母故氣色

從之而具五物之實各有所濟五性不同各有所稟稟性多者則偏性生也是故骨植而柔者謂之弘毅弘毅也者仁之質也木則垂蔭為仁之質質不弘毅不能成仁氣清而朗者謂之文理文理也者禮之本也火則照察為禮之本本無文理不能成禮體端而實者謂之貞固貞固也者信之基也土必吐生為信之基也基不貞固不能成信筋勁而精者謂之勇敢勇敢也者義之決也金能斷割為義之決決不勇敢不能成義色平而暢者謂

之通微通微也者智之原也水流疏達爲智之原原不通微不能成智五質恒性故謂之五常矣五物天地之常氣五德人物之常行五常之別列爲五德是故溫直而擾毅木之德也溫而不直則懦擾而不毅則剉剛塞而弘毅金之德也剛而不塞則決弘而不毅則缺愿恭而理敬水之德也愿而不恭則悖理而不敬則亂寬栗而柔立土之德也寬而不栗則慢柔而不立則散簡暢而明砭火之德也簡而不暢則滯明而不砭則翳雖體變無窮猶依乎五

質人情萬化不可勝極尋常竟源常在於五故其剛柔明暢貞固之徵著乎形容見乎聲色發乎情味各如其象自然之理神動形色誠發於中德輝外耀故心質亮直其儀勁固心質休決其儀進猛心質平理其儀安閑夫儀動成容各有態度直容之動矯矯行行休容之動業業蹌蹌德容之動顒顒卬卬夫容之動作發乎心氣心氣於內容見於外心氣之徵則聲變是也心不繫一聲和乃變夫

氣合成聲，聲應律呂（清而亮者律，和而平者呂）。有和平之聲，有清暢之聲，有回衍之聲（心氣不同，故聲發亦異也）。夫聲暢於氣，則實存貌色（非氣無以成聲，聲成則貌應）。故誠仁必有溫柔之色，誠勇必有矜奮之色，誠智必有明達之色（聲既殊管，故色亦異狀）。夫色見於貌，所謂徵神（貌色徐疾，爲神之徵驗）。徵神見貌，則情發於目（目爲心候，故應心而發）。故仁目之精，慤然以端（心不傾倚，則視不回邪）；勇膽之精，曄然以

（彊志不怯懦則視不衰悴）然皆偏至之材以勝體爲質者也（不能不厲而威不怒而嚴）故勝質不精則其事不遂（能勇而不能怯動必悔吝隨之）是故直而不柔則木（彊激訐失其正直）勁而不精則力（負鼎絶臏失其正勁）固而不端則愚（專己自是陷於愚戇）氣而不清則越（辭不清順發越無成）暢而不平則蕩（好智無涯蕩然失絶）是故中庸之質異於此類（勇而能怯仁而能決其體兩兼故爲衆材之主）五常既備包以澹味（既體鹹酸之量而以無味爲御）五質內

充五精外章五質澹凝淳耀外麗是以目彩五暉之
光也心清目朗粲然自耀故曰物生有形形有神精
不問賢愚皆受氣質之稟性陰陽但智有精粗形有淺深耳尋其精色視其儀象下
至皁隸牧圉皆可想而得之也能知精神則窮理盡性聖人
有以見天下之動而擬諸形容故能窮理盡性以至於命性之所盡九
質之徵也陰陽相生數不過九故性情之變質亦同之然則平
陂之質在於神神者質之主也故神平則質平神陂則質陂明
暗之實在於精精者實之本故精惠則實明精濁則實暗勇怯

之勢在於筋（筋者勢之用故筋勁則勢勇筋弱則勢怯）彊弱之植在於骨（骨者植之基故骨剛則植彊骨柔則植弱）躁靜之決在於氣（氣者決之地也氣盛決於躁氣冲決於靜矣）慘懌之情在於色（色者情之候也故色悴由情慘色悅由情懌）衰正之形在於儀（儀者形之表也故儀衺由形殆儀正由形肅）態度之動在於容（容者動之符也故衺動則容態正動則容度）緩急之狀在於言（言者心之狀也故心恕則言緩心褊則言急）其爲人也質素平澹中叡外朗筋勁植固聲清色懌

儀正容直則九徵皆至則純粹之德也非至
德大人其孰能與於此
九徵有違則偏雜之違爲乖戾也
材也或聲清色懌而質不平淡或筋勁植固而儀不崇直三度不同
其德異稱偏材荷一至之名兼材居德儀之目兼德體中庸之度故
偏至之材以材自名猶百工衆伎各有其名也兼材之
人以德爲目仁義禮智得其一目兼德之人更爲美
號道不可以一體說德不可以一方待育物而不爲仁齊衆形而不爲德凝然平
淡與物無際誰知其名也是故兼德而至謂之中庸居中

履常故謂之中庸中庸也者聖人之目也大仁不可親大義不可報無德而稱寄名於聖人也具體而微謂之德行德行也者大雅之稱也施仁以親物立義以利仁失道而成德抑亦其次也一至謂之偏材偏材小雅之質也徒仁而無義徒義而無仁未能兼濟各守一行是以名不及大雅也一徵謂之依似依似亂德之類也純訐似直而非直純宕似通而非通一至一違謂之間雜間雜無恒之人也善惡叅渾心無定是無恒之操胡可擬議無恒依似皆風人末流

其心孔艱者乃有教化之所不受也末流之質不可勝論是以畧而不槩也蕃徒成羣豈可數哉

體別第二稟氣陰陽性有剛柔拘抗文質體越各別

夫中庸之德其質無名泯然不繫一貌人無得而稱焉故鹹而不鹻謂之鹹耶無鹻可容公成百鹵也與鹹同淡而不醴謂之淡耶味復不醴質而不縵謂之質耶理不縵素文而不繢謂之文耶采不畫繢能威能懷能辨能訥居鹹淡之和處質文之際是以望之儼然即之而文言滿天下無辭費變化無方以達

爲節應變適化期於適物是以抗者過之剛然抗奮於進趨之塗而拘者不逮屯然無爲於拘抗之外夫拘抗違中故善有所章而理有所失養形至甚則虎食其外高門縣薄則病攻其內是故厲直剛毅材在矯正失在激訐訐刺生於剛厲柔順安恕每在寬容失在少決多疑生於恕懦雄悍傑健任在膽烈失在多忌慢法生於桀悍精良畏慎善在恭謹失在多疑疑難生於畏慎彊楷堅勁用在楨幹失在專固專己生於堅勁

論辨理繹能在釋結失在流宕傲宕生於機辨普博周給弘在覆裕失在溷濁溷濁生於周普清介廉潔節在儉固失在拘扃拘扃生於廉潔休動磊落業在攀躋失在踈越踈越生於磊落沉靜機密精在玄微失在遲緩遲緩生於沉靜樸露徑盡質在中誠失在不微漏露生於徑盡多智韜情權在譎略失在依違隱違生於韜情及其進德之日不止揆中庸以戒其材之拘抗抗者自是以奮厲拘者自

是以守尙而指人之所短以益其失拘者愈拘抗者愈抗或負石沉軀或抱木燋死猶晉楚帶劍遞相詭反也自晉視楚則笑其在左自楚視晉則笑其在右左右雖殊各以其用而不達理者橫相誹謗拘抗相反訾不異此是故彊毅之人很剛不和不戒其彊之搪突而以順爲撓厲其抗以柔順爲撓弱抗其搪突之心是故可以立法難與入微很彊剛戾何機微之能入柔順之人緩心寬斷不戒其事之不攝而以抗爲劌安其舒以猛抗爲劌傷安其恕忍之心

是故可與循常難與權疑緩心寡斷何雄疑事之能權

悍之人氣奮勇決不戒其勇之毀跌而以順爲恇竭其勢以順忍爲恇怯而竭其毀跌之勢是故可與涉難難與居約奮悍毀跌何約之能居懼愼之人畏患多忌不戒其懊於爲義而以勇爲狎增其疑以勇轢爲輕侮而增其疑畏之心是故可與保全難與立節畏患多忌何節義之能立凌楷之人秉意勁特不戒其情固護而以辨爲僞彊其專以辨

博爲浮虚而彌其專一之心是故可以持正難與附衆
執意堅持何人衆之能附辨博之人論理贍給不戒其
辭之氾濫而以楷爲繫遂其流以楷正爲繫凝而遂
其流宕之心是故可與沉序難與立約辨博沉濫何質
約之能立弘普之人意愛周洽不戒其交之溷
雜而以介爲狷廣其濁以拘介爲狷戾而廣其溷雜之心
是故可以撫衆難與厲俗周洽溷雜何風俗之能厲猶
介之人砭甫廉反清激濁不戒其道之隘狹

而以普爲穢益其拘以弘普爲穢雜而益其拘局之心是故可與守節難以變通道狹津隘何通塗之能涉休動之人志慕超越不戒其意之大很而以靜爲滯果其銳以沉靜爲滯屈而增其果銳之心是故可以進趨難與持後志在超越何謙後之能持沉靜之人道思廻復不戒其靜之遲後而以動爲疏美其愞以躁動爲麄疏而美其愞弱之心是故可與深慮難與捷速思慮廻復何機速之能及樸露之人中疑實䃜不戒

其實之野直而以譎爲誕露其誠（以權譎爲浮誕而露其誠信之心）是故可與立信難與消息（實磂野直何輕重之能量）韜譎之人原度取容不戒其術之離正而以盡爲愚貴其虛（以欵盡爲愚直而貴其浮虛之心）是故可與讚善難與矯遺（韜譎離正何違邪之能矯）夫學所以成材也（彊毅靜其抗柔順厲其懦）恕所以推情也推（己之情通物之性）偏材之性不可移轉矣（固守性分聞義不徙）雖教之以學材成而隨之以失（剛毅

之性已成激許之心彌篤雖訓之以恕推情各從其心意之所非不肯是之於人信者逆信推己之信謂人皆信而許者得容僞僞也詐者逆詐推己之詐謂人皆詐則信者或受其疑也故學不入道恕不周物偏材之人各是己能何道之能入何物能周也此偏材之益失也材不能兼教之愈失是以學物者用人之仁去其貪用人之智去其詐然後羣材畢御而道周萬物也矣

流業第三

三材爲源習者爲流流漸失源其業各異

蓋人流之業十有二焉性既不同染習又異技流條別各有

志業有清節家行爲物範有法家立憲垂制有術家智慮無方有國體三材純備有器能三材而微有臧否分別是非有伎倆錯意工巧有智意能鍊衆疑有文章屬辭比事有儒學道藝深明有口辨應對給捷有雄傑膽略過人若夫德行高妙容止可法是謂清節之家延陵晏嬰是也建法立制彊國富人是謂法家管仲商鞅是也思通道化策謀奇妙是謂術家范蠡張良是也兼有三材三材皆備

德與法術皆純備也其德足以厲風俗其法足以正天下其術足以謀廟勝是謂國體伊尹呂望是也兼有三材三材皆微不純備也其德足以率一國其法足以正鄉邑其術足以權事宜是謂器能子產西門豹是也兼有三材之別各有一流三材爲源則習者爲流也清節之流不能弘恕以清爲理何能寬恕好尚譏訶分別是非已不寬恕則是非生是謂臧否子夏之徒是也法家

之流不能創思遠圖法制於近思不及遠而能受一官之任錯意施巧務在功成故巧意生是謂伎倆張敞趙廣漢是也術家之流不能創制垂則以術求功故不垂則而能遭變用權權智有餘公正不足長於權者必短於正是謂智意陳平韓安國是也凡此八業皆以三材爲本非德無以正非法無以興術是以八業之建常以三材爲本故雖波流分別皆爲輕事之材也耳目殊官其用同功羣材雖異成務一致能屬文著

述是謂文章司馬遷班固是也能傳聖人之業而不能幹事施政是謂儒學毛公貫公是也辯不入道而應對資給是謂口辯樂毅曹丘生是也膽力絕衆材畧過人是謂驍雄白起韓信是也凡此十二材皆人臣之任也各抗其材不能兼備保守一官故爲人臣之任也主德不預焉主德者聰明平淡總達衆材而不以事自任者也目不求視耳不參聽各司其官則衆材達衆材既達

則人主垂拱無爲而理、是故主道立則十二材各得其任也上無爲則下當任也清節之德師氏之任也掌以道德教道胄子法家之材司寇之任也掌以刑法禁制姦暴術家之材三孤之任也掌以廟謨佐公論正三材純備三公之任也位於三槐坐而論道三材而微冢宰之任也天官之卿總御百官臧否之材師氏之佐也分別是非以佐師氏智意之材冢宰之佐也師事制宜以佐天官伎倆之材司空之任也錯意施巧故掌冬官儒學之材安民之任也掌以德敎保安其人文章之材國史之任也憲章紀述垂之後代辯給之材行人之任也掌之應荅送迎道路驍雄之材將帥之任也掌轄師旅討平不順是謂主道得而臣道序官不易方而太平用成太平之所以成由官人之不易方若使足操物手求行四體何由寧理道何由平若道不平淡與一材同用好則一材處權而衆材失任矣譬大匠善規惟規之用惟規之用則矩不得立其方繩不得經其直繩日運規矩無由成矣

材理第四（材既殊塗理亦異趣故講羣材至理乃定）

夫建事立義莫不須理而定（言前定則不惑事前定則不躓）及其論難鮮能定之夫何故哉蓋理多品而人異也（事有萬端人情舛駮誰能定之）夫理多品則難通人材異則情詭情詭難通則理失而事違也（情詭理多何由而得）夫理有四部（道義事情各有部也）明有四家（明通四部各有其家）情有九偏（以情犯明得失有九）流有七似（似是而非其流有七）說有三失（辭勝理滯所失者三）

難有六構〔彊良競氣／忿構有六〕通有八能〔聰思明達／能通者八〕

若夫天地氣化盈虛損益道之理也〔以道／化人〕

〔與時／消息〕法制正事事之理也〔以法理人／務在憲制〕禮教

宜適義之理也〔以理教之／進止得宜〕人情樞機情之

理也〔觀物之情／在於言語〕四理不同其於才也須明

而章明待質而行是故質於理合合而有

明明足見理理足成家〔道義與事／情各有家〕是故質

性平淡思心玄微〔容不躁擾／其心詳密〕能通自然道

理之家也（以道爲理故能通自然也）質性警徹權畧機捷（容不遲鈍則其心機速）能理煩速事理之家也（以事爲理故審於理煩也）質性和平能論禮教（容不失適則禮教得中）辯其得失義禮之家也（以義爲禮故明於得失也）質性機解推情原意（容不妄動則原物得意）能適其變情理之家也（以情爲理故能極物之變）四家之明既異而有九偏之情以性犯明各有得失（明出於眞情動於性情勝明則蔽故雖得而必喪也）剛略之人不能理微

（用意麤粗意不玄微）故其論大體則弘博而高遠（性剛則志遠）歷纖理則宕往而疏越（志遠故疏越）抗厲之人不能迴撓（用意猛奮志不旋屈）論法直則括處而公正（性厲則理毅）說變通則否戾而不入（理毅則滯礙）堅勁之人好攻其事實（用意端確言不虛徐）指機理則穎灼而徹盡（性確則言盡）涉大道則徑露而單持（言切則義少）辯給之人辭煩而意銳（用意疾急志不在退挫）推人事則精識而窮理（性銳則窮

理卽大義則恢愕而不周理細故遺大浮沉之人不能沉思用意虛廓志不淵密序疏數則豁達而傲博性浮則志微立事要則爁炎而不定志傲則理疏淺解之人不能深難用意淺脫思不深熟聽辯說則擬鍔而愉悅性淺則易悅審精理則掉轉而無根易悅故無根寬恕之人不能速捷用意徐緩思不速疾論仁義則弘詳而長雅性恕則理雅趨時務則遲緩而不及徐雅故遲緩溫柔之人力不休

彊用意溫潤志不美悅味道理則順適而和暢性和則理順擬疑難則濡愞而不盡理順故依違好奇之人橫逸而求異用意奇特志不同物造權譎則倜儻而瓌壯性奇則尚麗絜清道則詭常而恢迂奇逸故恢詭此所謂性有九偏各從其心之所可以爲理心之所可以爲理是非相蔽終無休已若乃性不精暢則流有七似有漫談陳說似有流行者浮漫流雅似若可行有理少多端似若博意者辭繁喻博似若

弘廣有迴說合意似若讚解者（外佯稱善內實不知）有處後持長從衆所安似能聽斷者（實自無知如不言觀察衆談讚其所安）有避難不應似若有餘而實不知者（實不能知怠佯不應似有所知而不荅者）有慕通口解似悅而不懌者（聞言即說有似於解者心中漫漫不能悟）有因勝情失窮而稱妙（辭已窮矣自以爲妙而未盡）跌則掎蹠（理已跌矣而彊牽據）實求兩解似理不可屈者（辭窮理屈心樂兩解而言猶不止聽者謂之未屈）凡此七似衆人

之所惑也非明鏡焉能監之夫辯有理勝理至不可動有辭勝辭巧不可屈理勝者正白黑以廣論釋微妙而通之說事分明有如粉黛朗然區別辭不潰雜辭勝者破正理以求異求異則正失矣以白馬非白馬一朝而服于人及其至關禁錮直而後過也夫九偏之材有同有反有雜同則相解譬水流於水反則相非猶火滅於水雜則相恢亦不必同又不必異所以恢達故善接論者度所長而論之因其所能則其言易曉歷之不動則

不說也（意在杓馬彼俟他日）傷無聽達則不難也（凡相難講爲達者聽）不善接論者說之以雜友（彼意在狗而說以馬彼意大同而說以小異）說之以雜友則不入矣（以方入圓理終不可）善喻者以一言明數事（辭附於理則言寡而事明）不善喻者百言不明一意（辭遠乎理雖氾濫多言已不自明况他人乎）百言不明一意則不聽也（自意不明誰聽之）是說之三失也善難者務釋事本（每得理而止住）不善難者舍本而理末（逐其言而接之）舍本

而理末則辭構矣不尋其本理而以煩辭相文善攻彊者下其盛銳對家彊梁始氣必盛故善攻彊者避其初鼓也扶其本指以漸攻之三鼓氣勝衰則攻易不善攻彊者引其誤辭以挫其銳意彊者意銳辭或暫誤擊誤挫銳理之難也挫其銳意則氣構矣非徒聲言交錯遂至動其聲色善躡失者指其所跌彼有跌失暫指不逼不善躡失者因屈而抵其性陵其屈跌而抵挫之因屈而抵其性則怨構矣非徒聲色而已怨恨逆結於心或常所思求久乃

得之倉卒諭人人不速知則以爲難諭（已自

久思而不恕人）以爲難諭則忿構矣（非徒怨恨遂生忿爭）夫

盛難之時其誤難迫（氣盛辭誤且當避之）故善難者

徵之使還（氣折意還自相應接）不善難者凌而激之

雖欲顧藉其勢無由（棄誤顧藉不聽其言）其勢無由

則妄搆矣（妄言非訾縱橫恣口）凡人心有所思則耳

且不能聽（思心一至不聞雷霆）是故並思俱說競相

制止欲人之聽已（止他人之言欲使聽已）人亦以其

方思之故不了已意則以爲不解（非不解也當已出言由彼方思故人不解）人情莫不諱不解（謂其不解則性諱怒）諱不解則怒搆矣（不顧道理是非於其恚怒忿肆）凡此六搆變之所由興也然雖有變搆猶有所得（造事立義當須理定故雖有變說小故終於理定功立）若說而不難各陳所見則莫知所由矣（人人競說若不難質則不知何者可用也）由此論之談而定理者眇矣（理多端人情異故發言盈庭莫肯執其咎）必也聰能聽序（登高能賦求物能名如顏

回聽哭蒼　思能造端子展謀侵晉乃明能
舒量象　得諸侯之盟
見機史駢覩目動辭能辯意伊籍荅吳王
即知秦師退　一拜一起未
足爲　捷能攝失郭淮荅魏帝曰自守能待
勞　知必免防風之誅
攻墨子謂楚人吾弟　攻能奪守毛遂進曰
子巳學之於宋　今日從爲
楚不爲趙也楚　奪能易予以予之矛易子
王從而謝之　之盾則物主辭
窮　兼此八者然後乃能通於天下之理通
於天下之理則能通人矣不能兼有八美
適有一能所謂偏材之人則所達者偏而所有異

目矣（各以所通而立其名）是故聰能聽序謂之名物之材思能造端謂之構架之材明能見機謂之達識之材辭能辯意謂之贍給之材捷能攝失謂之權捷之材守能待攻謂之持論之材攻能奪守謂之推徹之材奪能易予謂之貿說之材通材之人既兼此八材行之以道與通人言則同解而心喻（同相是即心相喻）是以與衆人言則察色而順性（下有盛色

避其所短雖明包衆理不以尚人恒懷謙下故處物上聰
叡資給不以先人常懷退後故在物先善言出己理
足則止通理則止不務煩辭鄙誤在人過而不迫見人
過跌輒當歷避寫人之所懷扶人之所能扶贊人之所能
則人人自任矣不以事類犯人之所婟胡故反與盲人言不
諱眇瞎之類不以言例及己之所長己有武力不與[illegible]虎
之倫說直說變無所畏惡通材平釋信而後諫雖觸龍鱗物無
害者采蟲聲之善音不以聲醜棄其善曲贊愚人之偶

得不以人愚廢其嘉言奪與有宜去就不畱方其盛
氣折謝不慍不避銳跌不惜屈撓方其勝難勝而不
矜理自勝耳何所矜也心平志諭無適無莫付是非於道理
不貪勝以求名期於得道而已矣是可與論經世
而理物也曠然無懷委之至當是以世務自經萬物自理

人物志卷上

乙卯九月八日校畢此卷

人物志卷中

魏　散騎常侍劉　卲　撰

凉　儒林祭酒劉　昞　注

材能第五

材能大小其準不同量力而授所任乃濟

或曰人材有能大而不能小猶函牛之鼎

不可以烹雞愚以爲此非名也（夫人材猶器大小異或者以大鼎不能烹雞喻大材不能治小失其名也）夫能之爲言已定之稱（先有定質而後能名生焉）豈有能大而不能小乎凡所謂能大而不能小其語出於性有寬急（寬者弘裕急者急切）性有寬急故宜有大小（寬弘宜治大急切宜治小）寬弘之人宜爲郡國使下得施其功而總成其事（急切則煩碎事不成）急小之人宜理百里使事辦於己（弘裕則網漏庶事荒矣）然則郡

之與縣異體之大小者也明能治大郡則能治小郡能治大縣亦能治小縣以實理寬急論辨之則當言大小異宜不當言能大不能小也若能大而不能小仲尼豈不爲季氏臣若夫雞之與牛亦異體之小大也鼎能烹牛亦能烹雞銚能烹雞亦能烹犢故鼎亦宜有大小若以烹犢則豈不能烹雞乎但有宜與不宜豈有能與不能故能治大郡則亦能治小郡矣推此論之人材各有所宜非獨大小之謂也文者理百

官武者治軍旅夫人材不同能各有異有自任之能脩已潔身總御百官有立法使人從之之能法懸人懼無敢犯也有消息辨護之能智意辨護周旋得節有德教師人之能道術深明動爲物教有行事使人譴讓之能云爲得理義和於時有司察糾摘之能督察是非無不區別有權奇之能務以奇計成事立功有威猛之能猛毅昭著振威敵國夫能出於材材不同量材能既殊任政亦異是故自任之能清節之材也故在

朝也則冢宰之任爲國則矯直之政其身正故
掌天官而總百揆立法之能治家之材也故在朝
也則司寇之任爲國則公正之政法無私故掌秋
官而詰姦暴計策之能術家之材也故在朝也
則三孤之任爲國則變化之政計慮明故輔三槐而
助論道人事之能智意之材也故在朝也則
冢宰之佐爲國則諧合之政智意審故佐天官而諧内
外行事之能譴讓之材也故在朝也則司

冦之任爲國則督責之政辨衆事故佐秋官而督傲慢權奇之能伎倆之材也故在朝也則司空之任爲國則藝事之政伎能巧故任冬司官而成藝事察之能臧否之材也故在朝也則師氏之佐爲國則刻削之政是非章故佐師氏而察善否威猛之能豪傑之材也故在朝也則將帥之任爲國則嚴厲之政體果毅故總六師而振威武凡偏材之人皆一味之美譬飴以甘爲名酒以苦爲實故長於

辨一官弓工採材而有餘力而短於爲一國兼掌陶冶器不成矣何者夫一官之任以一味協五味鹽人調鹽醯人調酢則五味成矣譬梓里治材土官治墻則厦屋成一國之政以無味和五味水以無味故五味得其和猶君體平淡則百官施其用又國有俗化民有劇易五方不同風俗各異土有剛柔民有劇易而人材不同故政有得失以簡治易則得治煩則失是以王化之政宜於統大易簡而天下之理得矣以之治小則迂網疏而吞舟之姦漏辨護之政宜於

治煩（事皆辦護，煩亂乃理）。以之治易則無易（甚於督促，民不便也）。策術之政宜於治難（權畧無方，解釋患難）。以之治平則無奇（術數煩衆，民不安矣）。矯抗之政宜於治侈（矯枉過正，以厲侈靡）。以之治弊則殘（俗弊治嚴，則民殘矣）。諧和之政宜於治新（國新禮殺，苟合而已）。以之治舊則虛（苟合之教，非禮實也）。公刻之政宜於糾姦（刻削不深，姦亂不止）。以之治邊則失衆（衆民憚法，易迸叛矣）。威猛之政宜於討亂（亂民桀逆，非威不服）。以之治善則暴（政猛民殘，濫良）

善矣伎倆之政宜於治富以國彊民以使以之治貧則勞而下困易貨改鑄民失業矣故量能授官不可不審也凡此之能皆偏材之人也故或能言而不能行或能行而不能言智勝則能言材勝則能行至於國體之人能言能行故爲衆材之雋也人君之能異於此平淡無爲以任衆能故臣以自任爲能竭力致功以取爵位君以用人爲能任賢使能國家自理臣以能言爲能各言其能而受其官君以能

聽爲能聽言觀行而授其官臣以能行爲能必行其所言君以能賞罰爲能必當其功過也所能不同君無爲而臣有事故能君衆材也若君以有爲代大匠斲則衆能失巧功不成矣

利害第六建法陳術以利國家及其弊也害歸於巳

蓋人業之流各有利害流漸失源故利害生夫節清之業著于儀容發於德行心清意正則德容外著未用而章其道順而有化德輝昭著故不試而效效理於人故

物無不化 故其末達也爲衆人之所進 理順則衆人樂進之 既達也爲上下之所敬 德和理順誰能侵之 其功足以激濁揚清師範僚友其爲業也無弊而常顯 非徒不弊存而有顯 故爲世之所貴 德信有常人不能賤 法家之業本于制度待乎成功而效 法以禁姦姦止乃效 其道前苦而後治嚴而爲衆 初布威嚴是以勞苦終以道化是以民治 故其末達也爲衆人之所忌 姦黨繁亂忌法者衆 已試也爲上下之所憚 憲防肅然

内外振悚其功足以立法成治民不爲非治道乃成其弊也爲群枉之所讎法行寵貴終受其害其爲業也有敝而不常用明君乃能用之彊明不繼世故法不常用故功大而不終是以商君車裂吳起支解術家之業出於聰思待於謀得而章斷於未行人無信者功成事效而後乃彰也其道先微而後著精而且玄計謀微妙其始至精終始合符是以道著其未達也爲衆人之所不識謀在功前衆何由識其用也爲明主之所珍暗主昧然豈能貴之其功

足以運籌通變（變以求通故能成其功）其退也藏於隱微（計出微密是以不露）其爲業也奇而希用（主計神奇用之者希也）故或沈微而不章（世希能用道何由章）智意之業本于原度其道順（而將順時宜不忤何忤之有）故其未達也爲衆人之所容矣（庶事不逆善者來親）已達也爲寵愛之所嘉（與衆同和内外美之）其功足以讚明計慮（媚順於時言計是信也）其敝也知進而不退（不見忌害是以慕進也）或離正以自全（用心多媚故違於正）

其爲業也譎而難持（韜情謂智非雅正之倫也）故或先利而後害（知進忘退取悔之道）臧否之業本乎（是非）其道廉而且砭（清而混雜砭去纖芥）故其未達也爲衆人之所識（清潔不汙在幽而朗）已達也爲衆人之所稱（業常明白出則受譽）其功足以變察是非（理清道潔是非不亂）其敝也爲詆訶之所怨（詆訶之徒不樂聞過）其爲業也峭而不裕（峭察於物何能寬裕）故或先得而後離衆（清亮爲時所稱理峭爲衆所憚）伎倆之業本于事能

其道辨而且速 伎計如神是以速辨 其未達也爲衆人之所異 伎能出衆雖微而顯 故已達也爲官司之所任 遂事成功政之所務 其功足以理煩糾邪 釋煩理邪 亦須伎倆 其敝也民勞而下困 上多端而下困 其爲業也細而不泰故爲治之末也 道不平弘其能太乎

接識第七 推已接物俱識同體兼能之士乃達羣材

夫人初甚難知 貌厚情深難得知也 而士無衆寡皆自以爲知人故以已觀人則以爲可知也

（已尚清節則凡清節者皆已之所知）觀人之察人則以爲不識也夫何哉（由已之所尚在於清節人之所好在於利欲曲直不同於他便謂人不識物也）是故能識同體之善（性長思謀則善策畧之士）而或失異量之美（遵法者雖美乃思謀之所不取）何以論其然夫清節之人以正直爲度故其歷衆材也能識性行之常（度在正直故悅有恒之人）而或疑法術之詭（謂守正足以致治何以法術爲也）法制之人以分數爲度故能識較方直之量（度在法分故悅

方直之人而不貴變化之術謂法分足以濟業何以術謀爲術也
謀之人以思謨爲度故能成策略之奇度在思謀故貴策略之人而不識遵法之良謂思謨足以化民何以法制爲也
器能之人以辨護爲度故能識方略之規度在辨護故悅方計之人而不知制度之原謂方計足以立功何以制度爲也
智意之人以原意爲度故能識韜譎之權度在原意故悅韜譎之人而不貴法教之常謂原意足以爲正何以法理爲也
伎倆之人以邀功爲

度故能識進趣之功度在邀功故悅功能之人而不通道德之化謂伎能足以成事何以道德為也臧否之人以伺察為度故能識訶砭之明度在伺察故悅譏訶之人而不暢倜儻之異謂譏訶乃成教何以寬弘為也言語之人以辯析為度故能識捷給之惠度在剖析故悅敏給之人而不知含章之美謂辨論事乃理何以含章為也是以互相非駮莫肯相是人皆自以為是誰肯道人之是取同體也則接論而相得性能苟同則雖胡越[illegible]接響而情通

異體也雖歷久而不知〔雖能甚異則雖比□經年而適疎矣〕

凡此之類皆謂一流之材也〔故同體則親異體則疎〕

若二至已上亦隨其所兼以及其數〔法家兼術故能以術輔法〕

故一流之人能識一流之善〔以法治者所以樂不過法〕

二流之人能識二流之美〔體法術者法術兼行〕

盡有諸流則亦能兼達眾材〔體通八流則八材當位物無不理〕

故兼材之人與國體同〔謂八材之人始進陳言冢宰之官察其所以〕

欲觀其一隅則終朝足以識

之將究其詳則三日而後足何謂三日而後足夫國體之人兼有三材故談不三日不足以盡之一以論道德二以論法制三以論策術然後乃能竭其所長而舉之不疑（在上者兼明八材然後乃能盡其所進用而無疑失）然則何以知其兼偏而與之言乎（察言之時何以識其偏材何以識其兼材也）其爲人也務以流數杼人之所長而爲之名目如是兼也（每因事類杼盡人之所能爲之名目言不容口）

如陳以美欲人稱之己之有善因事自說又欲令人言常稱己不欲知人之所有如是者偏也人之有善耳不樂聞人稱之口不和也不欲知人則言無不疑聞法則疑其刻削聞術則疑其詭詐是故以深說淺益深益異淺者意近故聞深理而心逾衒是以商君說帝王之道不入則以彊兵之義示之異則相迕反則相非聞深則心衒焉得而相是是以李兌塞耳而不聽蘇秦之說是故多陳處直則以為見美以其多方疑似見美也靜聽不言則以為虛空待時來語疑其

無實抗為高談則為不遜辭護理高疑其凌己遜讓不盡則以為淺陋卑言寡氣疑其淺薄言稱一善則以為不博未敢多陳疑其陋狹歷發眾奇則以為多端偏舉事類則欲以釋之復以為多端先意而言則以為分美言合其意疑分己美因失難之則以為不喻欲補其失反不喻也說以對反則以為較己欲反其事而明言乃疑其較也博以異雜則以為無要控盡所懷謂之無要論以同體然後乃悅弟兄忿肆為陳管蔡之事則欣暢而和悅於是乎有

親愛之情稱舉之譽苟言之同非徒親愛而已乃至譽而舉之

此偏材之常失意常婣護欲人同已已不必得何由暫得

英雄第八自非平淡能各有名英爲文昌雄爲武稱

夫草之精秀者爲英獸之特群者爲雄物尚有之況於人乎故人之文武茂異取名於此文以英爲名武以雄爲號是故聰明秀出謂之英膽力過人謂之雄此其大體之別名也若校其分數則牙則須英得雄分然後成章雄得英分然後成剛各以二分

取彼一分然後乃成 膽者雄之分智者英之分英有聰明須膽而後成雄有膽力須知而後立 何以論其然夫聰明者英之分也不得雄之膽則說不行 智而無膽不能正言 膽力者雄之分也不得英之智則事不立 勇而無謀不能立事 是故英以其聰謀始以其明見機 智以謀事之始明以見事之機 待雄之膽行之 不決則不能行 雄以其力服衆以其勇排難 非力衆不服非勇難不排 待英之智成之 智以制宜功乃可成 然後乃能各濟

其所長也譬金待水而成利功物得水然後成養功若聰能謀始而明不見機乃可以坐論而不可以處事智能坐論而明不見機何事務之能處聰能謀始明能見機而勇不能行可以循常而不可以處變明能循常勇不能行何應變之能爲若力能過人而勇不能行可以爲力人未可以爲先登力雖絶群膽雄不決何先鋒之能爲力能過人勇能行之而智不能斷事可以爲先登未足以爲將帥力能先登臨事無謀何將

帥之能爲必聰能謀始明能見機膽能決之然後可以爲英張良是也氣力過人勇能行之智足斷事乃可以爲雄韓信是也體分不同以多爲目故英雄異名張良英智多韓信雄膽勝然皆偏至之材人臣之任也故英可以爲相制勝于近雄可以爲將揚威于遠若一人之身兼有英雄則能長世高祖項羽是也然英之分以多於雄而英不可以少也英以致智智能役雄

(何可少也)英分少則智者去之故項羽氣力蓋
世蹈能合變(膽烈無前濟江焚糧)而不能聽采奇異
有一范增不用是以陳平之徒皆亡歸高
祖英分多故群雄服之英材歸之兩得其
用(雄旣服矣英又歸之)故能吞秦破楚宅有天下然
則英雄多少能自勝之數也(勝在於身則能勝物)徒
英而不雄則雄材不服也(內無主於中外物何由入)徒
雄而不英則智者不歸往也(無名以接之智者何由往)

故雄能得雄不能得英兕虎自成群也英能得英不能得雄鸞鳳自相親也故一人之身兼有英雄乃能役英與雄能役英與雄故能成大業也武以服之文以綏之則業隆當年福流後世

八觀第九群材異品志各異歸觀其通否所格者八

八觀者一曰觀其奪救以明間雜或慈欲濟恤而慍奪某人或救濟廣厚而乞醯爲惠二曰觀其感變以審常度觀其慍作則常度可審三曰觀其志質以知其名

散質相應覩色知名四曰觀其所由以辨依似依訐似直倉卒難明察其所安昭然可辨五曰觀其愛敬以知通塞純愛則物親而情通純敬則理疏而情塞六曰觀其情機以辨恕惑得其所欲則恕違其所欲則惑七曰觀其所短以知所長訐剌雖短而長於爲直八曰觀其聰明以知所達雖體衆材而材不聰明事事蔽塞其何能達何謂觀其奪救以明間雜夫質有至有違剛質無欲所以爲至貪情或勝所以爲違若至勝違則惡情奪正若然而不然

以欲勝剛以此似剛而不剛故仁出於慈有慈而不仁者仁必有恤有仁而不恤者厲必有剛有厲而不剛者若夫見可憐則流涕慈心發於中將分與則悋嗇是慈而不仁者為仁必濟恤覩危急則惻隱仁情動於內將赴救則畏患是仁而不恤者為恤者必赴危處虛義則色厲情厲見於貌顧利慾則內荏是厲而不剛者為剛必無慾然則慈而不仁者則悋奪之也愛則傷於慈仁而

者　者

不恤者則懼奪之也（怕怯損於仁）厲而不剛者則慾奪之也（利慾害於剛）故曰慈不能勝怯無必其能仁也（愛則不施何於仁之能為）仁不能勝懼無必其能恤也（畏懦不果何恤之能行）厲不能勝慾無必其能剛也（情存利慾何剛之能成）是故不仁之質勝則伎力為害器（仁質既弱而有伎力此害已之器也）貪悖之性勝則彊猛為禍梯（廉質既負而性強猛此禍已之梯也）亦有善情救惡不至為害（惡物宜翦而除純善之人憐而

救之此稠厚之人非大害也愛惠分篤雖傲狎不離平生
結交情厚分深雖原壤夷俟而不相棄無大過也勗善著明雖疾
惡無害也如殺無道以就有道疾惡雖甚無大非也救濟過厚
雖取人不貪也取人之物以有救濟雖譏在乞醯非大貪也是
故觀其奪救而明間雜之情可得知也或畏
怯奪慈仁或救過濟其分而平淡之主順而恕何謂觀其感變以
審常度夫人厚貌深情將欲求之必觀其
辭旨察其應贊視發言之旨趣觀應和之當否夫觀其辭

旨猶聽音之善醜音唱而善醜別察其應贊猶視

智之能否也聲和而能否別故觀辭察應足以互

相別識彼唱此和是非相舉然則論顯揚正白也辭顯

唱正是日明白不善言應玄也默而識之是日玄也經緯玄

白通也明辨是非可謂通理移易無正雜也理不一據言意

渾雜先識未然聖也追思玄事叡也見事過

人明也以明爲晦智也心雖明之常若不足微忽必

識妙也理雖至微而能察之美妙不昧踈也心致昭然是日

疏朗測之益深實也心有實智探之愈精猶泉滋中出測之益深也

假合炫燿虛也道聽塗說久而無實猶池水無源洩而虛竭自

見其美不足也智不贍足恐人不知以自伐不伐其能

有餘也不畏不知故曰凡事不度必有其故色貌

失實必有憂喜之故憂患之色乏而且荒憂患在心故形色荒

疾疢之色亂而垢雜黃黑色雜理多塵垢喜色愉然

以懌慍色厲然以揚妒惑之色冒昧無常

粗白粗赤憤憤在面及其動作蓋並言辭色既發揚辭言亦從之

是故其言甚懌而精色不從者中有違也心恨而言強和色貌終不相從其言有違而精色可信者辭不敏也言不自盡故辭雖違而色貌可信言未發而怒色先見者意憤溢也憤怒填胷者未言而色貌已作言將發而怒氣送之者彊所不然也欲強行不然之事故怒氣助言凡此之類徵見於外不可奄違心懼而怒容意恨而和貌雖欲違之精色不從心動貌從感愕以明雖變可知情雖在內感愕發外千形萬貌粗可知矣是故觀

其感變而常度之情可知（觀人辭色而知其心物有常度然後審矣）何謂觀其至質以知其名凡偏材之性二至以上則至質相發而令名生矣（二至質氣之謂也質直氣清則善名生矣）是故骨直氣清則休名生焉（骨氣相應名是以美）氣清力勁則烈名生焉（氣既清矣力勁則烈）勁智精理則能名生焉（智既勁矣精理則能稱）智直彊慤則任名生焉（直而又美是以見任）集于端質則令德濟焉（質徵端和善德乃成）加之學則文

理灼焉圭玉有質瑩則成文是故觀其所至之多少而異名之所生可知也尋其質氣覽其清濁雖有多少之異異狀之名斷可知之何謂觀其所由以辨依似夫純訐性違不能公正質氣俱訐何正之有依訐似直以訐訐善似直之訐訐及良善純宕似流不能通道質氣俱宕何道能通依宕似通行傲過節似通之宕容傲無節故曰直者亦訐訐者亦訐其訐則同其所以爲訐則異直人之訐訐惡憚非純訐爲訐訐善刺是通者亦

宕宕者亦宕其宕則同其所以爲宕則異通人之宕簡而達道純宕傲僻以自恣然則何以别之直而能溫者德也溫和爲直所以爲德直而好訐者偏也性直過訐所以爲偏訐而不直者依也純訐似直所以爲依道而能節者通也以道自節所以爲通通而時過者偏也性通時過所以爲偏宕而不節者依也純宕自通所以爲依偏之與依志同質違所謂似是而非也質同通直或偏或依是故輕諾似烈而寡信不量己力輕許死亾

臨難畏怯不能殉命多易似能而無效不顧材能自謂能辦受事猖獗作無效驗進銳似精而去速精躁之人不能久任訶者似察而事煩譴訶之人每多煩亂訐施似惠而無成當時似給終無所成面從似忠而退違阿順目前却則自是此似是而非者也紫色亂朱聖人惡之亦有似非而是者事同於非其功實則是大權似姦而有功伊去太甲以成其功大智似愚而內明終日不違內實分別博愛似虛而實厚汎愛無私似虛而實正言似訐而情忠譬帝桀紂

（至誠忠愛）夫察似明非，御情之反，（欲察似類，審則是非，御取人情，反覆明之。）有似理訟，其實難別也。（故聖人參訊，廣訪與衆共之。）非天下之至精，其孰能得其實？（若其實可得，何憂乎驩兜？何迁乎有苗？是以昧旦晨興，揚明仄陋，語之三槐，詢之九棘。）故聽言信貌，或失其真；（言訥貌惡，仲尼失之子羽。）詭情御反，或失其賢。（疑非人情，公孫失之卜式。）賢否之察，實在所依。（雖其難知，即當尋其所依而察之。）是故觀其所依，而似類之質可知也。（雖其不盡得其實，然察其所依，似尋其體氣粗）

可幾矣何謂觀其愛敬以知通塞葢人道之極莫過愛敬愛生於父子敬立於君臣是故孝經以愛爲至德親父子之親故爲至德以敬爲要道終君臣之義故爲道之要易以感爲德氣通生物人得之以利養以謙爲道尊卑殊別道之次序老子以無爲德施化無方德之則也以虛爲道寂寞無爲道之倫也禮以敬爲本禮由陰作肅然清淨樂以愛爲主樂由陽來歡然親愛然則人情之質有愛敬之誠方在哺乳愛敬生矣則與道德同體動獲人

心而道無不通也體道脩德故物順理通然愛不可少於敬少於敬則廉節者歸之廉人好敬是以歸之而衆人不與衆人樂愛少是以不與愛多於敬則雖廉節者不悅而愛接者死之廉人寡常人衆衆人樂愛致其死則事成業濟是故愛之爲道不可少矣何則敬之爲道也嚴而相離其勢難久動必肅容過之不久逆旅之人不及溫和而歸也愛之爲道也情親意厚深而感物煦渝篤密感物深矣是以翳桑之人倒戈報德是故觀其愛敬之誠

而通塞之理可得而知也篤於慈愛則温和而上下之情通務在禮敬則嚴肅而外內之情塞然必愛敬相須不可一時而無然行其二義者常當務令愛多敬少然後肅穆之風可得希矣何謂觀其情機以辨恕惑夫人之情有六機抒其所欲則喜爲有力者譽烏獲其心莫不忻焉不抒其所能則怨爲辨給者稱三緘其心莫不忿然以自伐歷之則惡抗己所能以歷衆人衆人所惡以謙損下之則悅卑損下人人皆喜悅犯其所乏則媢人皆悅已所長惡已所短故稱其所短則媢戾忿肆以惡犯

媢則妬自伐其能人所惡也稱人之短人所媢也今伐其所能犯人所媢則妬害生也此人性之六機也夫人情莫不欲遂其志志之所欲欲遂已成故烈士樂奮力之功遭難而力士奮善士樂督政之訓政脩而善士用能士樂治亂之事治亂而求賢能術士樂計策之謀廣筭而求其策辨士樂陵訊之辭賓贊而求辨給貪者樂貨財之積貨財積則貪者容其求幸者樂權勢之尤權勢之尤則幸者竊其柄苟贊其志則莫不欣然是所謂杼其所

欲則喜也所欲之心杼盡復何怨乎若不杼其所能則不獲其志不獲其志則戚憂已才之不展是故功力不建則烈士奮奮憤不能盡其材也德行不訓則正人哀哀不得行其化政亂不治則能者歎歎不得用其能敵能未弭則術人思思不得運其奇貨財不積則貪者憂憂無所收其利權勢不尤則幸者悲悲不得弄其權是所謂不杼其能則怨也所恡不杼其能悅也人情莫不欲處前故惡人之自

伐皆欲居物先故惡人之自伐也自伐皆欲勝之類也是故自伐其善則莫不惡也惡其有勝己之心是所謂自伐歷之則惡也是以違者終不自伐人情皆欲求勝故悅人之謙謙所以下之下有推與之意是故人無賢愚接之以謙則無不色懌不問能否皆欲勝人是所謂以謙下之則悅也是以君子終日謙謙人情皆欲掩其所短見其所長稱其所長則悅稱其所短則慍是故人駁其所短似若物冒之

（情之憤悶有若覆冒）是所謂駮其所惡則婣也（覆冒純塞其心婣戾）人情陵上者也（見人勝已皆欲陵之）陵犯其所惡雖見憎未害也（雖惡我自代未甚疾害也）若以長駮短是所謂以惡犯婣則婣惡生矣（以已之長駮人之短而取其害是以達者不為之也）凡此六機其歸皆欲處上（物之自大人人皆爾）是以君子接物犯而不校（知物情好勝雖或以小犯已終不校拒也）不校則無不敬下所以避其害也（務行謙敬誰害之哉）小人則不然既不見機

不達妒害之機而欲人之順已謂欲人無違已以佯愛敬爲見異孔光逡巡董賢欣喜以偶邀會爲輕謂非本心忿其輕己苟犯其機則深以爲怨小人易悅而難事是故觀其情機而賢鄙之志可得而知也賢明志在退下鄙劣志在陵上是以平淡之主御之以正訓貪者之所憂戒幸者之所悲然後物不自伐下不陵上賢否當位治道有序何謂觀其所短以知所長夫偏材之人皆有所短智不能周也故直之失也訐剌訐傷於義故其父攘羊其子證之剛之失也

厲剛切傷於理故諫君不從承之以劍和之失也懊懊弱不及道故
宮之奇爲人撓不能強諫介之失也拘拘愚不達事尾生守信死於橋
下夫直者不許無以成其直既悅其直不
可非其許用人之直恕其許也許也者直之徵也非許
不能爲直剛者不厲無以濟其剛既悅其剛不
可非其厲用人之剛恕其厲也厲也者剛之徵也非厲
不能爲剛和者不懊無以保其和既悅其和不
可非其懦用人之和恕其懊也懊也者和之徵也非懦

不能爲和介者不拘無以守其介既悅其介不可非其拘用人之介恕其拘也拘也者介之徵也非拘不然有能爲介短者未必能長也純訐之人未能正直有長者必以短爲徵純和之人徵必懦弱是故觀其徵之所短而其材之所長可知也欲用其剛必采之於厲何謂觀其聰明以知所達夫仁者德之基也載德而行義者德之節也制德之所宜也禮者德之文也禮德之文理也信者德之固也固德之所執也智者德之帥

也（非智不成德）夫智出於明（明達乃成智）明之於人猶晝之待白日夜之待燭火（火日所以照晝夜智達所以明物理）其明益盛者所見及遠（火日愈明所照愈遠智達弥明理通弥深）及遠之明難（聖人猶有不及）是故守業勤學未必及材（生知者上學能者次）材藝精巧未必及理（因習成巧淺於至理）理義辨給未必及智（理成事業昧于玄智）智能經事未必及道（役智經務去道遠矣）道思玄遠然後乃周（道無不載故無不周）是謂學不及材材

不及理理不及智智不及道道智玄微故四變而後及

道也者回復變通理不繫一故變通之是故別而論

之各自獨行則仁為勝仁者濟物之資明者見理而已合

而俱用則明為將仁者待明其功乃成故以明將仁

則無不懷威以使之仁以恤之以明將義則無勝示不勝以

斷割之宜以明將理則無不通理若明練萬事乃達然則

苟無聰明無以能遂暗者昧特何能成務成遂故好聲

而實不克則恢恢迂遠於實好辯而理不至則

煩（辭煩而無正理）好法而思不深則刻（刻過於理）好術而計不足則僞（詭誣詐也）是故鈞材而好學明者爲師比力而爭智者爲雄等德而齊達者稱聖聖之爲稱明智之極明也（是以動而爲天下法言而爲萬世範居上位而不亢在下位而不悶）是以觀其聰明而所達之材可知也

人物志卷中

獨山莫氏銅井文房藏書印

人物志卷下

魏　散騎常侍劉　邵　撰
凉　儒林祭酒劉　昞　注

七繆第十

人物之理妙而難明以情鑒察繆猶有七

七繆一曰察譽有偏頗之繆徵質不明故聽有偏頗也

二曰接物有愛惡之惑或情同忘其惡或意異違其善也

三曰度心有小大之誤或小知而大無成或小暗而大無明

四曰品質有早晚之疑有早智而速成者有晚智而晚成者

五曰變類有同體之嫌材同勢均則相競材同勢傾則相敬

六曰論材有申壓之詭藉富貴則惠施而名申處貧賤則乞求而名壓

七曰觀奇有二尤之失妙尤含藏直尤虛瑰故察難中也

夫采訪之要不在多少事無巨細要在得正然

徵質不明者信耳而不敢信目目不能察而信於耳

故人以為是則心隨而明之人以為非則

意轉而化之（信人毀譽故向之所是化而爲非）雖無所嫌意若不疑（信毀譽者心雖無嫌意固疑矣）且人察物亦自有誤愛憎兼之其情萬原（明既不察加之愛惡是非是疑豈可勝計）不暢其本胡可必信（去愛憎之情則實理得矣）是故知人者以目正耳（雖聽人言常正之以目）不知人者以耳敗目（親見其誠猶信毀而棄之）故州閭之士皆譽皆毀未可爲正也（或衆附阿黨或獨立不群）交遊之人譽不三周未必信是也（交結致譽不三周色貌取人而

行違之夫實厚之士交遊之間必每所在肩稱言忠信行篤敬雖蠻貊之邦行矣上等援之下等推之蠻貊推之況州里乎苟不能周必有咎毀行不篤敬者或謟諛得上而失於下或阿黨得下而失於上故偏上失下則其終有毀非之者多故不能終偏下失上則其進不傑衆雖推之上上不信異故誠能三周則爲國所利此正直之交也由其正直故名有利故皆合而是亦有違比或違正阿黨故合而是之皆合而非或在其中或特立不群故

合而非之若有奇異之材則非衆所見奇逸絕衆衆何

由識而耳所聽采以多爲信不能審查其材但信衆人言也

是繆於察譽者也信言察物必多繆失是以聖人如有所譽必有

所試夫愛善疾惡人情所常不問賢愚情皆同之也苟

不明質或跡善善非非者見善善者見跡豈故然哉由意不明

何以論之夫善非者雖非猶有所是既有百非

必有一是以其所是順己所長惡人一是與己所長同也則

不自覺情通意親忽忘其惡以與己同忘其百非謂矯

駕爲至孝殘桃爲至忠善人雖善猶有所乏雖有百善或有一短以其所乏不明已長善人一短與已所長異也以其所長輕已所短則不自知志乖氣違忽忌其善以與已異百善皆棄謂曲杖爲匕首葬楯爲反具耶是惑於愛惡者也微質暗昧者其於接物常以愛惡惑異其正夫精欲深微質欲懿重志欲弘大心欲嗛小精微所以入神妙也麤則失神懿重所以崇德宇躁則失身志大所以戡物任也小則不勝心小所以慎咎

侮也大則驕陵故詩詠文王小心翼翼不大聲以色小心也言不貪求大名聲見於顏色王赫斯怒以對于天下志大也故能誅紂定天下以致太平由此論之心小志大者聖賢之倫也心小故以服事殷志大故三分天下有其二心大志大者豪傑之儁也志大而心又大故名豪儁心大志小者傲蕩之類也志小而心闊遠故爲傲蕩之流也心小志小者拘懦之人也心近志短豈能弘大衆人之察或陋其心小見沛公燒絕棧道謂其不

能定天下或壯其志大見項羽號稱強楚便謂足以匡諸侯是誤

於小大者也由智不能察其度心常誤於小大夫人材不

同成有早晚有早智而速成者質清氣朗生則秀異故童烏蒼舒總角曜奇也有晚智而晚成者質重氣遲則久乃成器故公孫含道老而後章有少無智而終無所成者質濁氣暗終老無成故原壤年老聖人叩脛而不能化有少有令材遂

爲雋器者幼而通理長則愈明故常材發奇於應賓效德於公相四

皆之理不可不察當察其早晚隨時而用之夫幼智之

人材智精達然其在童髦皆有端緒仲尼戲言俎豆鄧艾指圖軍旅故文本辭繁初辭繁者長必文麗辯始給口幼給口者長必辯論也仁出慈恤幼慈恤者長必矜人施發過與幼過與者長必好施慎生畏懼幼多畏者長必謹慎廉起不取幼不妄取長必清廉早智者淺惠而見速見小事則達其形容晚成者奇識而舒遲智雖舒緩能識其妙終暗者並困於不足事務難易意皆時然遂務者周達而有餘事無大小皆能極之而衆人之察不慮其變常以

（一槩責於終始）是疑於早晚者也（或以早成而疑晚智或以晚智而疑早成故於品賢常有妙失也）夫人情莫不趣名利避損害名利之路在於是得（是得在已名利與之）損害之源在於非失（非失在已損害攻之）故人無賢愚皆欲使是得在已（賢者尚然況愚者乎）能明已是莫過同體（體同於我則能明已）是以偏材之人交遊進趨之類皆親愛同體而譽之（同體能明已是以親而譽之）憎惡對反而毀之（與已體反是以惡而毀之）序異雜而

不尚也（不與已同不與已異則雖不憎亦不尚之）推而論之無他故焉夫譽同體毀對反所以証彼非而著已是也（由與已同體故証彼非而著已是也）至于異雜之人於彼無益於已無害則序而不尚（不以彼爲是不以已爲非都無損益何所尚之）是故同體之人常患於過譽（譽俱爲力人則力小者慕大力大者提小故其相譽常失其實也）及其名敵則尠能相下（若俱能負鼎則爭勝之心生故不能相下）是故直者性奮好人行直於人（見人正直則心好之）

而不能受人之訐剌已之非則訐而不受盡者情露
好人行盡於人見人顛露則心好之而不能納人之
徑說已徑盡則違之不納務名者樂人之進趨過人
見人乘人則悅其進趨而不能出陵己之後人陵於己則忿
而不服是故性同而材傾則相援而相賴也
並有旅力則大能奬小性同而勢均則相競而相害
也恐彼勝己則妬善之心生此又同體之變也故或助
直而毀直人直過於己直則非毀之生心或與明而毀明

人明過於己明則妬害之心動而衆人之察不辨其律理是嫌於體同也體同尚然況異體乎夫人所處異勢勢有申壓富貴遂達勢之申也身處富貴物不能屈貧賤窮匱勢之壓也是以佩六國之印父母迎於百里之外身在貧賤志何申屈是以黑貂之裘弊妻嫂墮于閨門之內上材之人能行人所不能行凡云爲動靜固非衆人之所及是故達有勞謙之稱窮有著明之節材出于衆其進則裒多益寡勞謙濟世退則履道坦坦幽人貞吉中材之人則隨世損

益守常之智申壓在時故勢來則益勢去則損是故藉富貴則
貨財充於內施惠周於外貲財有餘恣意周濟見贍
者求可稱而譽之感其恩紀匡救其惡是以朱建受金而爲食其
畫計見援者闡小美而大之感其引援將順其美是以曹丘
見援爲季布揚名雖無異材猶行成而名立夫富與貴
可不欣哉乃至無善而行成無智而
名立是以富貴妻嫂恭況他人乎處貧
賤則欲施而無財欲援而無勢有慈心而無以極識
奇材而不能援親戚不能恤朋友不見濟內無蔬食之饋

外無緼袍之贈分義不復立恩愛浸以離意氣皆空薄分
意何由立怨望者並至歸非者日多非徒薄已遂生怨謗
之言雖無罪尤猶無故而廢也夫貧與賤可不懼哉乃至
無由而生謗無罪而見廢是故貧賤妻子慢況他人乎故世有侈儉
名由進退行雖在我而名稱在世是以良農能稼未必能穡天下
皆富則清貧者雖苦必無委頓之憂家給人足
路人皆饋之且有辭施之高以獲榮名之利得辭
施之高名受餘光之善利皆貧則求假無所告家貧戶乏之粟成

珠玉而有窮乏之患且生鄙吝之訟乞假無遺與嫂
叔爭糟糠是故鈞材而進有與之者則體益而
茂遂已既自足復須給賜則名美行成所爲遂達私理卑抑有
累之者已既不足覩戚並困則微降而稍退上等不接下等
不推而衆人之觀不理其本各指其所在謂申
達者爲材能壓屈者爲愚短是疑於申壓者也材智雖鈞貴賤
殊塗中壓之變在乎貧富夫清雅之美著乎形質察之
寡失形色外著故可得而察之失繆之由恒在二尤二

尤之生與物異列是故非常人之所見故尤妙之人含精於內外無飾姿譬金水內明而不外朗故馮唐白首屈於郎署尤虛之人顧言瑰姿內實乖反猶燭火外照灰燼內暗故韋主父偃辭麗一歲四遷而人之求奇不可以精微測其玄機明異希其尤奇異非精不察或以貌少爲不足覩醜茂貌惡便疑其淺陋或以瑰姿爲巨偉見江克貌麗便謂其巨偉或以直露爲虛華以其欵盡疑無厚實或以巧飭爲眞實巧言如流悅而覩之是以早拔多誤

不如順次或以耳羅爲早成而用之於早歲或缺復欲順次也夫順次常度也苟不察其實亦焉往而不失微質不明不能識奇故使順次亦不能得故遺賢而賢有濟則恨在不早拔故鄭伯謝之於燭武拔奇而奇有敗則患在不素別故光武悔之於朱浮任意而獨繆則悔在不廣問秦穆不從蹇叔雖追誓而無及廣問而誤已則怨已不自信隗囂心存於漢而爲王元所誤是以驥子發足衆士乃誤韓信立功淮陰乃震夫奇惡豈

而好疑哉乃尤物不世見而奇逸美異也故非常人之所識也是以張良體弱而精彊爲衆智之雋也不以質弱而傷於智荊叔色平而神勇爲衆勇之傑也不以色和而傷於勇然則雋傑者衆人之尤也奇逸過於衆人故衆人不能及聖人者衆尤之尤也通達過於衆奇故衆奇不能逮其尤彌出者其道彌遠非天下之至精其孰能與於此故一國之雋於州爲輩未得爲第也郡國之所雋異此於州郡未及其第目一州之第於

天下爲棖州郡之所第目以比天下之雋棖而不可及棖一回反樞也天下之棖世有優劣英人不世繼是以伊召管齊應運乃出是故衆人之所貴各貴其出巳之尤智材勝巳則以爲貴而不貴尤之所尤尤之尤者非衆人之所識是故衆人之明能知輩士之數衆人明者粗知郡國出輩之士而巳而不能知第目之度乃未識郡國品第之雋輩士之明能知第目之度出輩明者粗知郡國第目之良不能識出尤之良也未識出尤奇異之理出尤之人能知

聖人之教瞻之在前忽焉在後不能究之入室之奧也知有所立卓爾雖欲從之末由也已由是論之人物之理妙不可得而窮已爲當擬諸形容象其物宜觀其會通舉其一隅而已

效難第十一

人材精微實自難知知之難審效薦之難

蓋知人之效有二難有難知之難尤奇遊雜是以難知有知之而無由得效之難已雖知之無由得薦何謂難知之難人物精微智無形狀奇逸精妙能神而

明欲入其神而明其智其道甚難固難知之難也知人
則哲惟帝難之況常人乎是以衆人之察不能盡備各守
其一方而已故各自立度以相觀采以己所能歷觀衆才
或相其形容以貌狀取人或候其動作以進趨取人
或揆其終始以發正取人或揆其擬象以旨意取人
或推其細微以情理取人或恐其過誤以簡恕取人
或循其所言以辭旨取人或稽其行事以功効取人
八者遊雜各以意之所可為準是以雜而無紀故其得者少

所失者多〔但取其同於己而失其異於己已不必兼故失者多〕是故必有草創信形之誤〔或色貌取人而行違〕又有居止變化之謬〔或身在江海心存魏闕〕故其接遇觀人也隨行信名失其中情〔是以聖人聽言觀行如有所譽必有所試〕故淺美揚露則以爲有異〔智淺易見狀似異美〕深明沉漠則以爲空虛〔智深內明狀似無實〕分別妙理則以爲離婁〔研精至理狀似離婁〕口傳甲乙則以爲義理〔強指物類狀似有理〕好說是非則以爲臧否〔妄說是非〕

似明善否講目成名則以為人物強議賢愚似明人物平道政事則以為國體妄論時事似識國體猶聽有聲之類名隨其音七者不能明物皆隨行而為之名猶聽猫音而謂之猫聽雀音而謂之雀不知二虫竟謂何名也世之疑惑皆此類也是以魯國儒服者衆人皆謂之儒立而問之一人而已夫名非實用之不效南箕不可以簸揚北斗不可挹酒漿故曰名猶口進而實從事退衆覩形而名之故用而不驗也中情之人名不副實用之有效真智在中衆不能見故無外名而有內實故名由衆退

而實從事章效立則名章此草創之常失也戊智無終深智無始故衆人之察物常失之於初故必待居止然後識之視其所止覯其所居而焉不知故居視其所安安其措者敦於仁達視其所舉舉剛直者厚於義富視其所與與嚴壯者明於禮窮視其所爲爲經術者勤於智貧視其所取取其分者存於信然後乃能知賢否行此者賢否此者否此又已試非始相也試而知之豈相也哉所以知質未足以知其略略在變通不可常准且天下之人

不可得皆與遊處故視其外狀可以得一未足盡知或志趣變易隨物而化是以世祖失之龐萌曹公失之董卓或未至而懸欲或已至而易顧李軼始專心於光武終改顧於聖公或窮約而力行或得志而從欲王莽初則布衣折節卒則窮奢極侈此又居上之所失也情變如此誰能定之由是論之能兩得其要是難知之難既知其情又察其變故非常人之所審何謂無由得效之難上材已莫知已難識知或所識者在幼賤之中未達

而喪（未及進達其人已喪）或所識者未拔而先沒（未及拔舉已先沒世）或曲高和寡唱不見讚（公叔座薦商鞅而魏王不能用）或身卑力微言不見亮（甯息舉百里奚首足皆碎）或器非時好不見信貴（竇后方好黃老儒者何由見進）或不在其位無由得拔（卞和非因匠所以抱璞泣）或在其位以有所屈迫（何武舉公孫錄而爲王氏所推）是以良材識眞萬不一遇也（材能雖良當遇知已知已雖遇當値明王三者之遭萬不一會）須識眞在位識百不一有也（雖識已眞

或不在位以位勢值可薦致之宜十不一合也
識已須在位智達復須宜或明足識眞有所妨奪不欲
貢薦雖識辨賢愚而屈於妨奪故有不欲或好貢薦而不能
識眞在位之人雖心好賢善而明不能識是故知與不知相
與分亂於總猥之中或好賢而不識或知賢而心妬故用與不
用同於衆總紛然淆亂實知者患於不得達效身無位次
無由效達不知者亦自以爲未識身雖在位而不能識所
謂無由得效之難也故曰知人之效有二

難是以人主常當運其聰智廣其視聽明揚側陋旁求俊乂舉能不避仇讎拔賢不棄幽隱然後國家可得而治功業可得而濟也

釋爭第十二 賢善不伐況小事乎釋忿去爭必荷榮福

蓋善以不伐爲大爲善而自伐其能衆人之所小賢以自矜爲損行賢而去自賢之心何往而不益哉是故舜讓于德而顯義登聞湯降不遲而聖敬日躋彼二帝雖天挺聖德生而上哲猶懷勞謙疾行退下然後信義登聞光宅天位郄至上人而抑下滋甚王叔好爭而終于出奔此二

大夫矜功陵物或宗移族滅或迯禍出奔由此觀之爭讓之道豈不懸歟然則卑讓降下者茂進之遂路也江海所以爲百谷王以其處下也矜奮侵陵者毀塞之險塗也兕虎所以攖牢檻以其性獷噬也是以君子舉不敢越儀準志不敢凌僭等足不苟蹈常懷退下內勤己以自濟外謙讓以敬懼獨處不敢爲非出門如見大賓是以怨難不在於身而榮福遺於長久也外物不見傷子孫賴以免彼小人則不然矜功伐能好以陵人初無巨細心發

（揚以陵物）是以在前者人害之（矜能奔縱人情所害）有功者人毀之（情功驕盈人情所毀）毀敗者人幸之（及其覆敗人情所幸）是故並轡爭先而不能相奪（小人競進智不相過並驅爭險更相蹈藉）兩頓俱折而為後者所趨（中道而斃後者乘之譬兕殛犬疲而田父収其功）由是論之爭讓之途其別明矣（君子尚讓故涉萬里而途清小人好爭足未動而路塞）然好勝之人猶謂不然（貪則好勝雖聞德讓之風意猶昧然乃云古人讓以得今人讓以失心之所是起而爭之）以在前為速銳

以處後爲畱滯故行坐汲汲不暇揩車以下衆爲卑屈以躡等爲異傑苟矜起等不羞負乘以讓敵爲廻辱以陵上爲高厲故趙穿不顧元帥彘子以偏師陷是故抗奮遂往不能自反也譬虎狼食生物遂有殺人之怒夫以抗遇賢必見遜下相如爲廉頗逡巡兩得其利以抗遇暴必構敵難灌夫不爲田蚡持下兩得其尤敵難既構則是非之理必溷而難明俱自是而非彼誰明之耶溷而難明則其與自毀何以異哉兩虎共鬬小者死大

者傷焉得而兩全且人之毀巳皆發怨憾而變生
釁也若本無憾恨遭事際會亦不致毀害必依託於事飾成
端末凡相毀謗必因事類而飾成之其於聽者雖不盡信
猶半以爲然也出言有端角故信之者半巳之校報亦
又如之復當報謗爲生翅尾終其所歸亦各有半信
著於遠近也俱有形狀不知其實是以近遠之聽皆半信於此半信於
彼然則交氣疾爭者爲易口而自毀也巳說
人之瑕人亦說巳之穢雖詈人自取其詈也並辭競說者爲貨

手以自毆辭忿則力爭已既毆人人亦毆已此其爲借手以自毆爲惑繆豈不甚哉借手自毆借口自詈非惑如何然原其所由豈有躬自厚責以致變訟者乎已能自責人亦自責兩不言競變訟何由生哉皆由內怨不足外望不已所以爭者由內不能恕已自責而外望於人不已也或怨彼輕我或疾彼勝已是故心爭終無休已夫我薄而彼輕之則由我曲而彼直也曲而見輕固其宜矣我賢而彼不知則見輕非我咎也親友傷也固其宜矣若彼賢而

處我前則我德之末至也德輕在彼固所宜也若德鈞而彼先我則我德之近次也德鈞年幼固其常矣夫何怨哉且兩賢未別則能讓者爲雋矣材均而不争優劣衆人善其讓爭雋未別則用力者爲憊矣雋等而名未別衆人惡其鬬是故藺相如以廻車决勝於廉頗寇恂以不鬬取賢於賈復此二賢者知争塗不可由故回車退避或酒炙迎送故廉賈肉袒争尚泯矣物勢之反乃君子所謂道也龍蛇之蟄以存身尺蠖之屈以求伸虽微

物耳尚知蟠屈況於人乎是故君子知屈之可以爲伸故含辱而不辭韓信屈於跨下之辱知卑讓之可以勝敵故下之而不疑展喜犒齊師之謂也及其終極乃轉禍而爲福晉文避楚三舍而有城濮之勳屈讎而爲友相知下廉頗而爲刎頸之交使怨讎不延於後嗣而美名宣於無窮子孫荷其榮蔭竹帛紀其高義君子之道豈不裕乎若褊急好爭則身危當年何後來之能福且君子能受纖微之小嫌故無變鬬之大訟大訟起於纖芥

戒君子慎其小小人不能忍小忿之故終有赫赫之敗辱小人以小惡爲無傷而不去故罪大不可解惡積不可救怨在微而下之禍可以爲謙德也怨在纖微則謙德可以除之變在萌而爭之則禍成而不救矣涓涓不息遂成江河水漏覆舟胡可救哉是故陳餘以張耳之變卒受離身之害思復須臾之忿忿終身之惡是以身滅而嗣絕也彭寵以朱浮之郄終有覆亡之禍恨督責之小故違終始之大計是以宗夷而族覆也禍福之機可不慎哉二女爭桑

吳楚之難作季郈鬬雞魯國之釁作可不畏歟可不畏歟是故君子之

求勝也以推讓為利銳推讓所往前無堅敵以自修

為棚櫓修己以敬物無害者靜則閑嘿淵之玄門動

則由恭順之通路時可以靜則重閉而玄嘿時可以動則儀正而

後進是以戰勝而爭不形動靜得節故勝無與爭爭不以力故

勝功見耳敵服而怨不搆干戈不用何怨搆之有若然者

悔恡不存于聲色夫何顯爭之有哉色貌猶不

動見力爭爭彼顯爭者必自以為賢人而人以

爲險詖者（以己爲賢專固自是是己非人人得不争乎）實無險德則無可毀之義若信有險德又何可與訟乎險而與之訟是柙兕而攖虎其可乎怒而害人亦必矣易曰險而違者訟訟必有衆起（言險而行違必起衆而成訟矣）老子曰夫惟不爭故天下莫能與之爭（以謙讓爲務者所往而無爭）是故君子以爭途之不可由也（由於争途者必覆輪而致禍）是以越俗乘高獨行於三等之上何謂三

等大無功而自矜一等空虛自矜故爲下等也有功而伐之二等自伐其能故爲中等功大而不伐三等推功於物故爲上等愚而好勝一等不自量度故爲下等賢而尚人二等自美其能故爲中等賢而能讓三等歸善於物故爲上等緩巳急人一等性不恕人故爲下等急巳急人二等褊戾峭刻故爲中等急巳寬人三等謹身恕物故爲上等

凡此數者皆道之奇物之變也心不純一是爲奇變

三變而後得之故人莫能遠也小人安其下等何由

能及哉夫唯知道通變者然後能處之處上等而
不失者也是故孟之反以不伐獲聖人之譽不伐
其功美譽自生管叔以辭賞受嘉覃之賜不貪其賞嘉賜
自致夫豈詭遇以矜之哉乃純德自然之所
合也豈故不伐辭賞詭情求名耶乃至直發於中自與理會也彼君子
知自損之爲益故功一而美二自損而行成名立
小人不知自益之爲損故一伐而並失自伐
而行毀名喪由此論之則不伐者伐之也不爭

者爭之也（不代而名章 不爭而理得）讓敵者勝之也下衆者上之也（退讓而敵服 謙尊而德光）君子誠能觀爭途之名險獨秉高於玄路則光暉煥而日新德聲倫於古人矣（避忿肆之險途獨逍遥於上等遠燕雀於啁啾疋鳴鳳於玄曠然後德輝耀於來今清光侔於往代）

人物志卷下

右人物志三卷十二篇魏劉邵撰案隋唐經籍志篇第皆與今同列于名家十六國時燉煌劉昞重其書始作注解然世所傳本多謬誤今合官私書校之去其複重附益之文爲定本内或疑字無書可證者今據衆本皆相承傳疑難輒意改云邵之叙五行曰簡暢而明砭火之德也偏檢書傳無明砭之証案字書砭者以石刺病此外更無他訓然自魏晉以後轉相傳寫豕亥之變莫能究知不爾則邵當別有異聞今則亾矣愚

謂明砭都無意義自東晉諸公草書啓字
爲然疑爲簡暢而明啓耳文寬夫題

劉邵字孔才廣平邯鄲人也據今官書魏志作劭劭之劭從力他本或從邑者晉邑之名案字書此二訓外無他釋然俱不協孔才之意說文則爲邵音同上但召旁從卪耳訓高也李舟切韻訓美也高美又與孔才義符揚子法言曰周公之才之邵是也今俗爲法言亦作邑旁邵益力卪文近易訛讀者又昧偏旁之別今定從邵云建安中爲計吏詣許太史上言正旦當日蝕邵時在尚書令荀彧所坐者數十人或云當廢朝或云宜卻會邵曰梓慎裨竈古之良史猶占水火錯失天時

禮記曰諸侯旅見天子及門不得終禮者
四日蝕在一然則聖人垂訓不爲變豫廢
朝禮者或災消異伏或推術謬誤也或善
其言勑朝會如舊日亦　不蝕魏黃初中
爲尚書郎散騎侍郎受詔集五吏群書以
類相從作皇覽後與議郎庾嶷荀詵等定
科令作新律十八篇著律略論遷散騎常
侍嘗作趙都賦明帝美之詔卻作許都洛

都賦時外興軍旅內營宮室邵作二賦皆諷諫焉景初中受詔爲都官考課邵作七十二條及略說一篇又以謂宜制禮作樂以移風俗著洛論十四篇正始中執經講學賜爵關內侯凡所撰述法論人物志之類百餘篇卒追贈光祿勳詔書博求衆賢散騎侍郎夏侯惠上疏盛稱邵才史臣陳壽亦曰邵該覽學籍文質周洽云

劉昞字延明敦煌人也年十四就博士郭瑀瑀弟子五百餘人通經業者八十餘人瑀有女始笄妙選良偶有心於昞遂別設一席謂弟子曰吾有一女欲覓快女婿誰坐此席者吾當婚焉昞遂奮坐神志湛然曰昞其人也瑀遂以女妻之昞後隱居酒泉不應州郡命弟子受業者五百餘人李暠據凉州徵爲儒林祭酒從事郎暠好尚

文典書史穿落者親自補葺輒時待側請
代其事曷日躬自執者欲人重此典籍吾
與卿相遇何異孔明之會玄德邈撫夷護
軍雖有政務手不釋卷曷曰卿注記篇籍
以燭繼晝白日且然夜可休息輒曰朝聞
道夕死可矣不知老之將至孔聖稱言輒
何人斯敢不如此輒以三史文繁著略記
百三十篇八十四卷燉煌實録二十卷方

言三卷靖恭堂銘一卷注周易韓子人物志黃石公三畧行於世沮渠蒙遜平酒泉拜秘書郎專管注記築陸沈觀於西苑躬往禮焉號玄處先生學徒數百月致羊酒牧犍尊爲國師親自致拜命官屬以下皆北面爲業魏太武平凉州士庶東遷夙聞其名拜樂平王從事中郎後思歸道病卒以上並案邵昞本傳刪取其要云廣平宋

庠記

乙卯九月據胡維新本校七謬敷難兩篇胡本闕百許字均空而未刻此獨完整胡本有王三者後序不知何時人也　初僧

獨山莫氏銅井文房臧書印

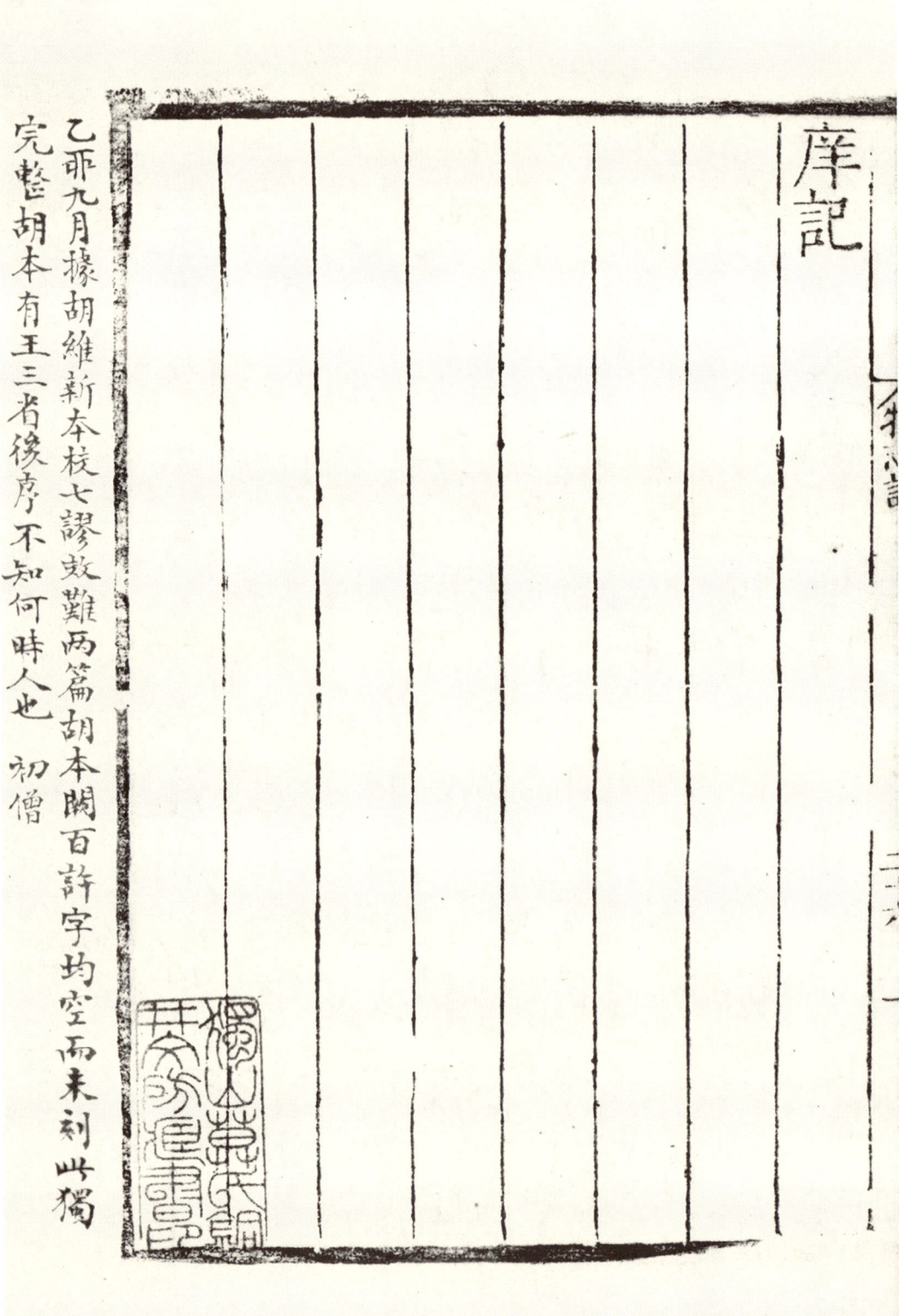

夫人賦材之理妙觀采之法難是故孔孟猶慎之後世愛惡偏用毀譽之習興是非淆雜依似之僞作而弊日滋矣魏劉常侍邵有感而著人物志凡十二篇窮思極微出入情性推原度量體形品目隱顯悉舉萬世人物本眞若姸媸對鑒毫髮莫遁焉宋阮逸嘉其書而序傳之今無善本矣定芳獲覩抄本于儼山伯氏請録較鏤以廣

脩身知人之意如阮氏所冀望云

嘉靖己丑秋九月既望上海後學顧定芳

謹識

九月十二日校畢　棠

胡維新本有此附錄於左

序人物志後

余嘗三復人物志而竊有感焉夫人德性資之既成初未始有異也而終之相去懸絕者醇駁敵於材隆污判諸習曰三品曰五儀胥是焉而賢不肖殊塗矣是以知人之哲古人難之言貌而取人者聖人弗是也茲劉邵氏之有以志人物也乎修己者得之以自觀用人者持之以照物烏可廢諸然用舍之際人材之趨向由之可弗慎乎精於擇而庸適其能篤於任而弗貳以私則真材獲用大猷允升矣其或偏聽肱志而用不以道動曰才難吾恐蕭艾弗擇魚目混珍也左馮翊王三省識

丁巳十一月得王刻本乃知胡本於王而王又據此本也

（三國魏）劉邵　撰　（北魏）劉昞　注　李盛鐸　跋

人物志三卷

明隆慶六年（1572）鄭旻刊本

人物志 三卷 三冊

魏劉劭撰 涼劉昞註

明隆慶壬申歸德府刊本

癸丑小寒日購藏 盛鐸記

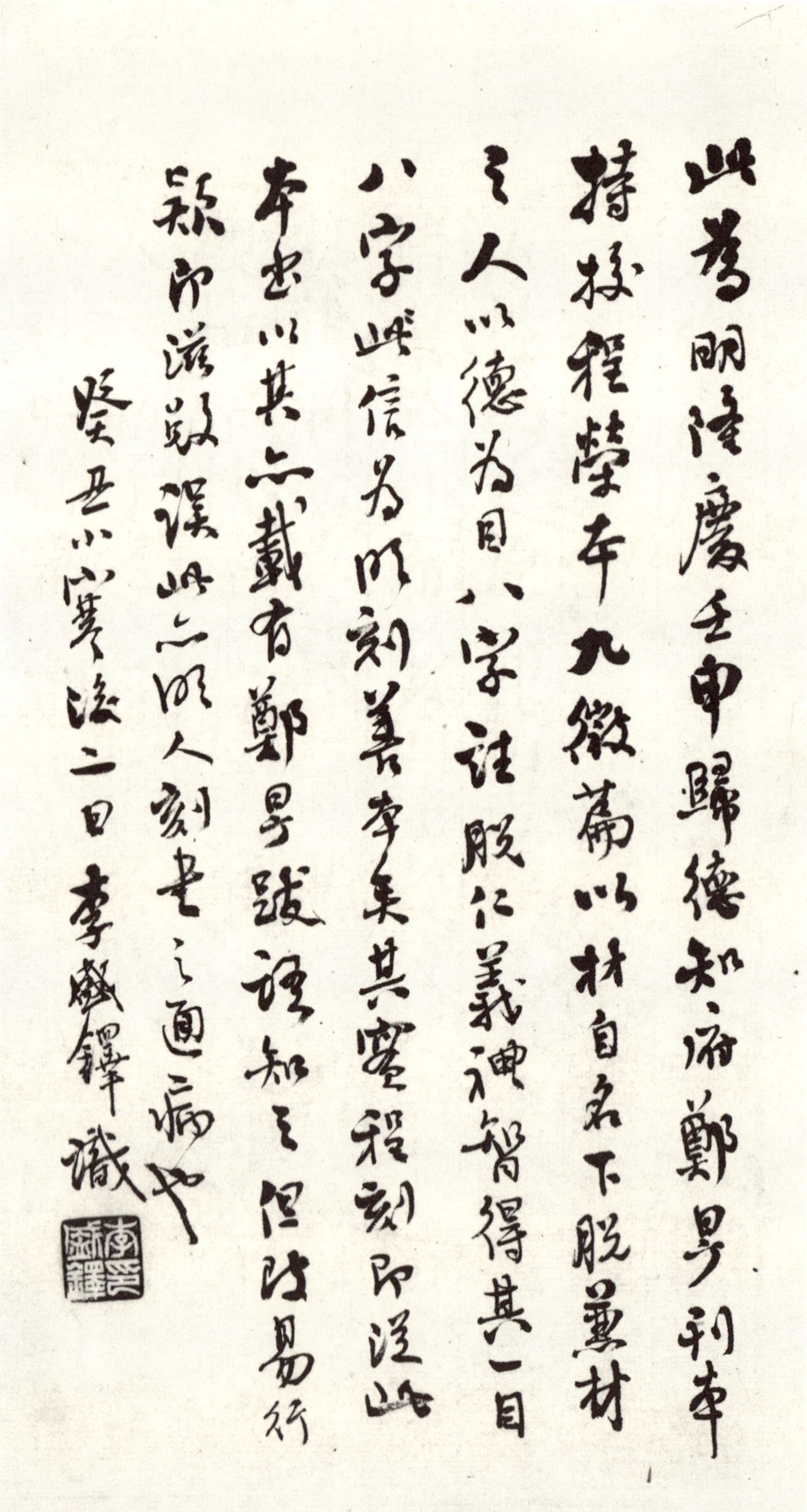

此為明隆慶壬申歸德知府鄭昊刊本持校程榮本九徵篇以材自名下脫兼材之人以德為目八字注脫仁義禮智得其一目八字此信為所刻善本矣其審程刻即從此本出以其亦載有鄭昊跋語知之但訛易行款即滋疑誤此亦明人刻書之通病也

癸丑小寒後二日李盛鐸識

人物志序

阮撰

人性爲之原而情者性之流也性發於内情導於外而形色隨之故邪正態度變露莫狀溷而莫睹其眞也惟至哲爲能以材觀情索性尋流照原而善惡之迹判矣聖人没諸子之言性者各膠一見以倡惑於後是俾馳辨闘異者得肆其說蔓衍天下

故學者莫要其歸而天理幾乎熄矣予好閱古書於史部中得劉邵人物志十二篇極數萬言其述性品之上下材質之兼偏研幽摘微一貫於道若度之長短權之輕重無銖髮蔽也大抵考諸行事而約人於中庸之域誠一家之善志也由魏至宋歷數百載其用尚晦而鮮有知者吁可惜哉刻蟲篆淺技無益於教者猶刊鏤以行於

世是書也傳而暢辨而不肆非衆說之流也王者得之爲知人之龜鑑士君子得之爲治性脩身之檃栝其効不爲小矣予安得不序而傳之媲夫良金美玉籯櫝一啓而觀者必知其寶也

人物志 有序

魏散騎常侍劉　邵　撰

凉儒林祭酒劉　昞　注

夫聖賢之所美莫美乎聰明天以三光著其象人以聰明邵其度聰明之所貴莫貴乎知人聰於書計者六藝之一術明於人物者官材之總司知人誠智則衆材得其序而庶績之業興矣是以聖人著爻象則立君子小人之辭君子者小人之師小人者君子之資師資相成其來

（尚矣）敘詩志則别風俗雅正之業（九土殊風五方異俗）
（是以聖人立其教不易其方制其政不改其俗）制禮樂則考六藝
祗庸之德（雖不易其方常以詩禮爲首雖不改其俗常以孝友爲本）躬
南面則援俊逸輔相之材皆所以達衆善
而成天功也（繼天成物其任至重故求賢舉善常若不及）天功
既成則並受名譽（忠臣竭力而効能明君得賢而高枕上下忠愛）
（謗毀何從生哉）是以尭以克明俊德爲稱舜以登
庸二八爲功湯以拔有莘之賢爲名文王

以舉渭濱之叟爲貴由此論之聖人興德孰不勞聰明於求人獲安逸於任使者哉釆士飯牛秦穆所以覇西戎一則仲父齊桓所以成九合是故仲尼不試無所援升猶序門人以爲四科泛論衆材以辨三等舉德行爲四科之首敘生知爲三等之上明德行者道義之門質志氣者材智之根也又歎中庸以殊聖人之德中庸之德其至矣乎人鮮久矣唯聖人能之也尚德以勸庶幾之論顏氏之子其殆庶幾乎三月不違仁乃窺德行之門若非志士仁人希邁之性

日月至焉者豈能終之訓六蔽以戒偏材之失仁者愛物
蔽在無斷信者露誠蔽在無隱此偏材之常失也思狂狷以通拘
抗之材或進趨於道義或潔己而無爲在上者兩順其所能則拘抗並用
疾悾悾而無信以明爲似之難保厚貌深情聖人
難之聽其言而觀其所爲則似託不得逃矣又曰察其所安觀
其所由以知居止之行言必契始以要終行必覩初以求卒
則中外之情粗可觀矣人物之察也如此其詳不詳察則
官材失其序而庶政之業荒矣是以敢依聖訓志序人物

庶以補綴遺忘、惟博識君子、裁覽其義焉、

人物志目録

上卷

中卷

下卷

人物志卷上

魏 散騎常侍劉邵 撰

涼 儒林祭酒劉昞 注

九徵一　體別二

流業三　材理四

九徵第一（人物情性志氣不同徵神見貌形驗有九）

蓋人物之本，出乎情性。（性質禀之自然情變由於染習是以觀人察物當尋其性質也）情性之理，甚微而玄，非聖人之察其孰能究之哉（知無形狀故常人不能覩惟聖人目擊而照之）凡有血氣者莫不含元一以爲質（質不至則不能涉寒暑歷四時）禀陰陽以立性（性資於陰陽故剛柔之意別矣）體五行而著形（骨勁筋柔皆禀精於金木）苟有形質猶可即而求之（由氣色外著故相者得其情素也）凡人之質量中和最貴矣（質白受采味甘受和中和者百行之根本人情之良田也）中和之質必平淡無味（惟淡也故五味得和焉若苦則不能甘矣若酸也則不能鹹矣）故能調成五材變化應節

平淡無偏群材必御致用有宜通變無滯是故觀人察質必先察其平淡而後求其聰明譬之驥騄雖超逸絕群若氣性不和必有毀衡碎首決胃之禍也聰明者陰陽之精離目坎耳視聽之所由也陰陽清和則中叡外明聖人淳耀能兼二美知微知章耳目兼察通幽達微官材授方舉無遺失自非聖人莫能兩遂雖得之於目或失之於耳故明白之士達動之機而暗於玄慮達於進趨而暗於止靜以之進趨則欲速而成疾以之深慮則抗奪而不入也玄慮之人識靜

之原而困於速捷性安沉默而智乏應機以之閑靜則玄微之道構以之濟世則勁捷而無成猶火日外照不能內見金水內暎不能外光人各有能物各有性是以聖人任明白以進趨委守成於玄慮然後動止得節出處應宜矣二者之義蓋陰陽之別也陽動陰靜乃天地之定性況人物乎若量其材質稽諸五物五物之徵亦各著於厥體矣筋勇色青血勇色赤中動外形豈可匿也其在體也木骨金筋火氣土肌水血五物之象也五性者成形之具五物爲母故氣色

從之而具五物之實各有所濟五性不同各有所稟稟性多者則偏性生也是故骨植而柔者謂之弘毅弘毅也者仁之質也木則垂蔭爲仁之質質不弘毅不能成仁氣清而朗者謂之文理文理也者禮之本也火則照察爲禮之本本無文理不能成禮體端而實者謂之貞固貞固也者信之基也土必吐生爲信之基也基不貞固不能成信筋勁而精者謂之勇敢勇敢也者義之決也金能斷割爲義之決決不勇敢不能成義色平而暢者謂

之通微通微也者智之原也水流疏達爲智之原原不通微不能成智五質恒性故謂之五常矣五物天地之常氣五德人物之常行五常之別列爲五德是故溫直而擾毅木之德也溫而不直則懦擾而不毅則剉剛塞而弘毅金之德也剛而不塞則決弘而不毅則缺愿恭而理敬水之德也愿而不恭則悖理而不敬則亂寛栗而柔立土之德也寛而不栗則慢柔而不立則散簡暢而明砭火之德也簡而不暢則滯明而不砭則翳雖體變無窮猶依

乎五質人情萬化不可勝極尋常竟源常在於五故其剛柔明暢貞固之徵著乎形容見乎聲色發乎情味各如其象自然之理神動形色誠發於中德輝外耀故心質亮直其儀勁固心質休決其儀進猛心質平理其儀安閑夫儀動成容各有態度直容之動矯矯行行休容之動業業蹌蹌德容之動顒顒卬卬夫容之動作發乎心氣心氣於內容見於外心氣之徵則聲變是也心不繫一聲和

乃變夫氣合成聲聲應律呂清而亮者律和而平者呂有

和平之聲有清暢之聲有回衍之聲心氣不同

故聲發亦異也夫聲暢於氣則實存貌色非氣無以成聲

聲成則貌應故誠仁必有溫柔之色誠勇必有

矜奮之色誠智必有明達之色聲既殊冒故色亦異

狀夫色見於貌所謂徵神貌色徐疾爲徵神之徵驗

神見貌則情發於目目爲心候故應心而發故仁目

之精慤然以端心不傾倚則視不回邪勇膽之精曄

然以彊志不怯懦則視不衰悴然皆偏至之材以勝體爲質者也未能不厲而威不怒而嚴故勝質不精則其事不遂能勇而不能怯動必悔吝隨之是故直而不柔則木木彊激訐失其正直勁而不精則力負鼎絶臏失其正勁固而不端則愚專己自是陷於愚戇氣而不清則越辭不清順發越無成暢而不平則蕩好智無涯蕩然失絶是故中庸之質異於此類勇而能怯仁而能決其體兩兼故爲衆材之主五常既備包以澹味既體鹹酸之量而以無味爲御五

質內充五精外章五質澹凝淳耀外麗是以目彩五暉之光也心清目朗粲然自耀故曰物生有形形有神精不問賢愚皆受氣質之稟性陰陽但智有精粗形有淺深耳尋其精色視其儀象下至皁隸牧圉皆可想而得之也能知精神則窮理盡性聖人有以見天下之動而擬諸形容故能窮理盡性以至於命性之所盡九質之徵也陰陽相生數不過九故性情之變質亦同之然則平陂之質在於神神者質之主也故神平則質平神陂則質陂明暗之實在於精精者實之本故精惠則實明精濁則實暗

勇怯之勢在於筋（筋者勢之用故筋勁則勢勇筋弱則勢怯）彊弱之植在於骨（骨者植之基故骨剛則植彊骨柔則植弱）躁靜之決在於氣（氣者決之地也氣盛決於躁氣冲決於靜矣）慘懌之情在於色（色者情之候也故色悴由情慘色悅由情懌）衰正之形在於儀（儀者形之表也故儀衰由形殆儀正由形肅）態度之動在於容（容者動之符也故衰動則容態正動則容度）緩急之狀在於言（言者心之狀也故心恕則言緩心褊則言急）其爲人也質素平澹中叡外朗筋勁植固聲清

色懌儀正容直則九徵皆至則純粹之德也非至德大人其孰能與於此九徵有違違爲乖戾也則偏雜之材也或聲清色懌而質不平淡或筋勁植固而儀不崇直三度不同其德異稱偏材荷一至之名兼材居德儀之目兼德體中庸之度故偏至之材以材自名猶百工衆伎各有其名也兼材之人以德爲目仁義禮智得其一目兼德之人更爲美號道不可以一體說德不可以一方待育物而不爲仁齊衆形而不爲德凝然平淡與物無際誰知其名也是故兼德而至謂之中

庸居中履常故謂之中庸中庸也者聖人之目也大仁不可親大義不可報無德而稱寄名於聖人也具體而微謂之德行德行也者大雅之稱也施仁以親物立義以利仁失道而成德抑亦其次也一至謂之偏材偏材小雅之質也徒仁而無義徒義而無仁未能兼濟各守一行是以名不及大雅也一徵謂之依似依似亂德之類也純訐似直而非直純宕似通而非通一至一違謂之間雜間雜無恒之人也善惡參渾心無定是無恒之操胡可擬議無恒依似皆風人

末流其心孔艱者乃有教化之所不受也末流之質不可勝
論是以畧而不槩也蕃徒成羣豈可數哉
體別第二禀氣陰陽性有剛柔拘抗文質體越各別
夫中庸之德其質無名汎然不繫一貌人無得而稱焉故
鹹而不鹻謂之鹹耶無鹻可容公成百鹵也與鹹同淡而不醴
謂之淡耶味復不醴質而不縵謂之質耶理不縵素文而不繢
謂之文耶釆不畫繢能威能懷能辯能訥居鹹淡之和處質文
之際是以望之儼然即之而文言滿天下無辭費變化無方以達

爲節應變適化期於通物是以抗者過之厲然抗奮於進趨之塗而拘者不逮屯然無爲於拘抗之外夫拘抗違中故善有所章而理有所失養形至甚則虎食其外高門懸薄則病攻其內是故厲直剛毅材在矯正失在激訐訐刺生於剛厲柔順安恕每在寬容失在少決多疑生於恕懦雄悍傑健任在膽烈失在多忌慢法生於桀悍精良畏慎善在恭謹失在多疑疑難生於畏慎彊楷堅勁用在楨幹失在專固專已生於堅勁

論辨理繹能在釋結失在流宕（傲宕生於機辨）普
博周給弘在覆裕失在溷濁（溷濁生於周普）清介
廉潔節在儉固失在拘扃（拘扃生於廉潔）休動磊
落業在攀躋失在疏越（疏越生於磊落）沉靜機密
精在玄微失在遲緩（遲緩生於沉靜）樸露徑盡質
在中誠失在不微（漏露生於徑盡）多智韜情權在
譎略失在依違（隱違生於韜情）及其進德之日不
止揆中庸以戒其材之拘抗（抗者自是以奮厲拘者自

是以守局而指人之所短以益其失拘者愈拘抗者愈抗

或負石沉軀或抱木燋死猶晉楚帶劒遞相詭反也自晉視楚則笑其在左自楚視晉則笑其在右左右雖殊各以其其用而不違理者横相誹謗拘抗相反皆不異此

是故彊毅之人狠剛不和不戒其彊之搪突而以順為撓厲其抗以柔順為撓弱抗其搪突之心

是故可以立法難與入微狠彊剛戾何機微之能入

柔順之人緩心寬斷不戒其事之不攝而以抗為劇安其舒以猛抗為劇傷安其恕恐之心

是故可與循常難與權疑緩心寡斷何疑事之能權椎悍之人氣奮勇決不戒其勇之毀跌而以順為恇竭其勢以順恐為恇怯而竭其毀跌之勢是故可與涉難難與居約奮悍毀跌何約之能居懼慎之人畏患多忌不戒其愞於為義而以勇為狎增其疑以勇戇為輕侮而增其疑畏之心是故可與保全難與立節畏患多忌何節義之能立凌楷之人秉意勁特不戒其情之固護而以辨為僞殭其專、

以辯博爲浮虛而彊其專一之心是故可以持正難與附衆執意堅持何人衆之能附辨博之人論理贍給不戒其辭之汎濫而以楷爲繫遂其流以楷正爲繫礙而遂其流宕之心是故可與汎序難與立約辨博汎濫何貿約之能立弘普之人意愛周洽不戒其交之溷雜而以介爲狷廣其濁以拘介爲狷戾而廣其溷雜之心是故可以撫衆難與厲俗周洽溷雜何風俗之能厲狷介之人砭甫廉反清激濁不戒其道之隘狹

而以普爲纖盎其拘以弘普爲纖雜而盎其拘局之心是故可與守節難以變通道彼津隘何通塗之能涉休動之人志慕超越不戒其意之大很而以靜爲滯果其銳以沉靜爲滯屈而增果銳之心是故可以進趨難與持後志在超越何謙後之能持沉靜之人道思迴復不戒其靜之遲後而以動爲踈美其愞以躁動爲麄踈而美其愞弱之心是故可與深慮難與捷速思慮迴復何機速之能及樸露之人中疑實礩不戒

其實之野直，而以譎為誕，露其誠。（以權譎為浮誕，而露其誠信之心。）是故可與立信，難與消息。（實韜野直，何輕重之能量。）韜譎之人，原度取容，不戒其術之離正，而以盡為愚，貴其虛。（以欵盡為愚直，而貴其浮虛之心。）是故可與讚善，難與矯違。（韜譎離正，何違邪之能矯。）

夫學所以成材也，（彊毅靜其抗，柔順厲其懊，推己之情，通物之性。）偏材之性，不可移轉矣。（固守性分，聞義不徙。）雖教之以學，材成而隨之以失。（剛毅之性已成激許之心彌篤雖訓之以恕推情各從其心意之所非不肯是之於人信者逆信推已之信謂人皆信而詐者得容爲僞也詐者逆詐推已之詐謂人皆詐則信者或受其疑也故學不入道恕不周物偏材之人各是已能何道之能入何物能周也此偏材之益失也材不能兼教之愈失是以宰物者用人之仁去其貪用人之智去其詐然後羣材畢御而道周萬物也矣

流業第三

三材爲源習者爲流流漸失源其業各異

蓋人流之業十有二焉性既不同染習又異技流條別各有

志業有清節家行爲物範有法家立憲垂制有術家智慮
無方有國體三材純備有器能三材而微有臧否分別是非
有伎倆錯意工巧有智意能鍊衆疑有文章屬辭比事有
儒學道藝深明有口辨應對給捷有雄傑膽畧過人若夫
德行高妙容止可法是謂清節之家延陵
晏嬰是也建法立制彊國富人是謂法家
管仲商鞅是也思通道化策謀奇妙是謂
術家范蠡張良是也兼有三材三材皆備

德與法術皆純備也其德足以厲風俗其法足以正天下其術足以謀廟勝是謂國體伊尹呂望是也兼有三材三材皆微不純備也其德足以率一國其法足以正鄉邑其術足以權事宜是謂器能子產西門豹是也兼有三材之別各有一流三材爲源則習者爲流也清節之流不能弘恕以清爲理何能寬恕已不寬恕則是非生好尚譏訶分別是非是謂臧否子夏之徒是也法家

之流不能創思遠圖法制於近思不及遠而能受一官之任錯意施巧務作功成故巧意生是謂伎倆張敞趙廣漢是也術家之流不能創制垂則以術求功故不垂則而能遭變用權權智有餘公正不足長於權者必短於正是謂智意陳平韓安國是也凡此八業皆以三材爲本非德無以正法非法無以興術是以八業之建常以三材爲本故雖波流分別皆爲輕事之材也耳目殊官其用同功羣材雖異成務一致能屬文著

述是謂文章司馬遷班固是也能傳聖人之業而不能幹事施政是謂儒學毛公貫公是也辯不入道而應對資給是謂口辯樂毅曹丘生是也膽力絶衆材畧過人是謂驍雄白起韓信是也凡此十二材皆人臣之任也各抗其材不能兼備保守一官故爲人臣之任也主德不預焉主德者聰明平淡總達衆材而不以事自任者也目不求視耳不叅聽各司其官則衆材達衆材既達

則人主垂拱無爲而理是故主道立則十二材各得
其任也上無爲則下當任也清節之德師氏之任也
掌以道德教道胄子法家之材司寇之任也掌以刑法禁制
姦暴術家之材三孤之任也掌以廟謨佐公論正三材
純備三公之任也位於三槐坐而論道三材而微家
宰之任也天官之卿總御百官臧否之材師氏之佐
也分別是非以佐師氏智意之材冢宰之佐也師事制宜
以佐天官伎倆之材司空之任也錯意施巧故掌冬官儒

學之材，安民之任也。（掌以德教保安其人）文章之材，國史之任也。（憲章紀述垂之後代）辯給之材，行人之任也。（掌之應荅送迎道路）驍雄之材，將帥之任也。（掌轄師旅討平不順）是謂主道得而臣道序，官不易方而太平用成。（太平之所以成由官人之不易方若使足操物手求行四）

（體何由寧理道何由平）若道不平淡，與一材同用好，（譬大匠善規惟規之用）則一材處權而衆材失任矣。（惟規之用則矩不得立其方繩不得經其直雖目運規矩無由成矣）

材理第四 材既殊塗理亦異趣故講羣材至理乃定

夫建事立義莫不須理而定言前定則不惑事前定則不躓及其論難鮮能定之夫何故哉蓋理多品而人異也事有萬端人情舛駁誰能定之夫理多品則難通人材異則情詭情詭難通則理失而事違也情詭理多何由而得夫理有四部道義事情各有部也明有四家明通四部各有其家情有九偏以情犯明得失有九流有七似似是而非其流有七說有三失辭勝理滯所失者三

難有六構（逼良競氣忿構有六）通有八能（聰思明達能通者八）若夫天地氣化盈虛損益道之理也（以道化人與時消息）法制正事事之理也（以法理人務在憲制）禮教宜適義之理也（以理教之進止得宜）人情樞機情之理也（觀物之情在於言語）四理不同其於才也須明而章明待質而行是故質於理合合而有明明足見理理足成家（道義與事情各有家）是故質性平淡思心玄微（容不躁擾其心詳密）能通自然道

理之家也（以道爲理故能通自然也）質性警徹權略機捷（容不遲鈍則其心機速）能理煩速事理之家也（以事爲理故審於理煩也）質性和平能論禮教（容不失適則禮教得中）辯其得失義禮之家也（以義爲禮故明於得失也）質性機解推情原意（容不妄動則原物得意）能適其變情理之家也（以情爲理故能極物之變）四家之明既異而有九偏之情以性犯明各有得失（明出於眞情動於性情勝明則蔽故雖得而必喪也）剛略之人不能理微

用意麤粗意不玄微故其論大體則弘博而高遠性剛則志遠歷纖理則宕往而疏越志遠故疏越抗厲之人不能迴撓用意猛奮志不旋屈論法直則括處而公正性厲則理毅說變通則否戾而不入理毅則滯礙堅勁之人好攻其事實用意端確言不虛徐指機理則穎灼而徹盡性確則言盡涉大道則徑露而單持言切則義少辯給之人辭煩而意銳用意疾急志不在退挫推人事則精識而窮理性銳則窮

理即大義則恢愕而不周理細故遺大浮沉之人不能沉思用意虛廓志不淵密序疏數則豁達而傲博性浮則志微立事要則爁炎而不定志傲則理疏淺觧之人不能深難用意淺脫思不深熟聽辯説則擬鍔而愉悅性淺則易悅審精理則掉轉而無根易悅故無根寬恕之人不能速捷用意徐緩思不速疾論仁義則弘詳而長雅性恕則理雅趨時務則遲緩而不及徐雅故遲緩溫柔之人力不休

彊用意温潤志不美悅味道理則順適而和暢性和則理
順擬疑難則濡愞而不盡理順故依違好奇之
人横逸而求異用意奇特志不同物造權譎則倜儻
而瓌壯性奇則尚麗案清道則詭常而恢迂奇逸
故恢詭此所謂性有九偏各從其心之所可
以爲理心之所可以爲理是非相蔽終無休已若乃性不精
暢則流有七似有漫談陳說似有流行者
浮漫流雅似若可行有理少多端似若博意者辭繁喻博似若

弘廣有廻説合意似若讚解者外佯稱善内實不知有處後持長從衆所安似能聽斷者實自無知如不言觀察衆談讚其所安有避難不應似若有餘而實不知者實不能知志佯不應似有所知而不荅者有慕通口解似悅而不懌者聞言即説有似於解者心中漫漫不能悟有因勝情失窮而稱妙辭已窮矣自以爲妙而未盡跌則掎蹠理已跌矣而彊牽據實求兩解似理不可屈者辭窮理屈心樂兩解而言猶不止聽者謂之未屈凡此七似衆人

之所惑也（非明鏡焉能監之）夫辯有理勝（理至不可動）有辭勝（辭巧不可屈）理勝者正白黑以廣論釋微妙而通之（說事分明有如粉黛朗然區別辭不溷）辭勝者破正理以求異求異則正失矣（以白馬非白馬一朝而服千人及其至關禁錮直而後過也）夫九偏之材有同有反有雜同則相解（譬水流於水）反則相非（猶火滅於水）雜則相恢（亦不必同又不必異所以恢逹）故善接論者度所長而論之（因其所能則其言易曉）歷之不動則

不說也（意在杓馬彼俟他日）傷無聽達則不難也（凡相難講爲達者聽）不善接論者說之以雜反（彼意在狗而說以馬彼意大同而說以小異）說之以雜反則不入矣（以方入圓理終不可）善喻者以一言明數事（辭附於理則言寡而事明）不善喻者百言不明一意（辭遠乎理雜汎濫多言已不自明況他人乎）百言不明一意則不聽也（自意不明誰聽之）是說之三失也善難者務釋事本（每得理而止住）不善難者舍本而理末（逐其言而接之）舍本

而理末則辭構矣不尋其本理而以煩辭相文善攻彊
者下其盛鋭對家彊梁始氣必盛故善攻彊者避其初鼓也扶其
本指以漸攻之三鼓氣勝衰則攻易不善攻彊者引
其誤辭以挫其鋭意彊者意鋭辭或暫誤擊誤挫鋭理之難也
挫其鋭意則氣構矣非徒羣言交錯遂至動其聲色善躡
失者指其所跌彼有跌失暫指不過不善躡失者因
屈而抵其性陵其屈跌而抵挫之因屈而抵其性則
怨構矣非徒聲色而已怨恨逆結於心或常所思求久乃

得之倉卒，諭人，人不速知，則以爲難諭，自（久思而不恕人）以爲難諭，則忿構矣。（非徒然恨，遂生忿爭）夫盛難之時，其誤難迫，（氣盛辭誤，且當避之）故善難者，徵之使還。（氣折意還，自相應接）不善難者，凌而激之，雖欲顧藉，其勢無由，（棄誤顧藉，不聽其言）其勢無由，則妄構矣。（妄言非訾，縱橫恣口）凡人心有所思，則耳且不能聽，（思心一至，不聞雷霆）是故並思俱說，競相制止，欲人之聽已。（止他人之言，欲使聽已）人亦以其方思之故不了巳意則以爲不解非不解也當巳出言由彼方思故人不解人情莫不諱不解謂其不解則性諱怒諱不解則怒構矣不顧道理是非於其兇怒忿肆凡此六構變之所由興也然雖有變構猶有所得造事立義當須理定故雖有變說小故終於理定功立若說而不難各陳所見則莫知所由矣人人競說若不難質則不知何者可用也由此論之談而定理者眇矣理多端人情異故發言盈庭莫肯執其咎必也聰能聽序登高能賦求物能名如顏

同聽哭蒼寄量象思能造端子展謀侵晉乃得諸侯之盟明能見機史駢覩目動即知秦師退辭能辯意伊藉答吳王一拜一起未足爲勞捷能攝失郭淮答魏帝曰自知必免防風之誅守能待攻墨子謂楚人吾弟子已學之於宋攻能奪守毛遂進曰今日從爲楚不爲趙也楚王從而謝之奪能易予以子之矛易子之盾則物主辭窮兼此八者然後乃能通於天下之理通於天下之理則能通人矣不能兼有八美適有一能所謂偏材之人則所達者偏而所有異

目矣各以所通而立其名是故聰能聽序謂之名物之材思能造端謂之搆架之材明能見機謂之達識之材辭能辯意謂之贍給之材捷能攝失謂之權捷之材守能待攻謂之持論之材攻能奪守謂之推徹之材奪能易予謂之貿說之材通材之人既兼此八材行之以道與通人言則同解而心喻同即相是是以心相喻與衆人言則察色而順性下有盛色

避其所短雖明包衆理不以尚人恒懷謙下故處物上聰叡資給不以先人常懷退後故在物上善言出已理足則止通理則止不務煩辭鄙誤在人過而不迫見人過跌輒當歷避寫人之所懷扶人之所能扶贊人之所能則人人自任矣不以事類犯人之所婟胡故反與盲人言不諱眇瞎之類不以言例及已之所長已有武力不與虓虎之倫說直說變無所畏惡通材平釋信而後諫雖觸龍鱗物無害者采蟲聲之善音不以聲醜棄其善曲贊愚人之偶

得。（不以人愚廢其嘉言）奪與有宜。去就不畱。方其盛。氣。折謝不恡。（不避鋭跌不惜屈撓）方其勝難。勝而不。矜。（理自勝耳何所矜也）心平志諭。無適無莫。（付是非於道理）（不貪勝以求名）期於得道而已矣。是可與論經世。而理物也。（曠然無懷委之至當是以世務自經萬物自理）

人物志卷上

人物志

第二册

人物志卷中

魏　散騎常侍劉　邵　撰

凉　儒林祭酒劉　昞　注

材能第五

材能大小其準不同量力而授所任乃濟

或曰人材有能大而不能小猶函牛之鼎

不可以烹雞愚以爲此非名也夫人材猶器大小異
或者以大鼎不能烹雞喻大材不能治小失其名也夫能之爲言已
定之稱先有定質而後能名生焉豈有能大而不能小
乎凡所謂能大而不能小其語出於性有
寬急寬者弘裕急者急切性有寬急故宜有大小寬弘
宜治大急切宜治小寬弘之人宜爲郡國使下得施
其功而總成其事急切則煩碎事不成急小之人宜
理百里使事辦於已弘裕則網漏庶事荒矣然則郡

之與縣異體之大小者也（明能治大郡則能治小郡能治大縣亦能治小縣）以實理寬急論辨之則當言大小異宜不當言能大不能小也（若能大而不能小仲尼豈不爲季氏臣）若夫雞之與牛亦異體之小大也（鼎能烹牛亦能烹雞鼎能烹雞亦能烹犢）故鼎亦宜有大小若以烹犢則豈不能烹雞乎（但有宜與不宜豈有能與不能）故能治大郡則亦能治小郡矣推此論之人材各有所宜非獨大小之謂也（文者理百

官武者治軍旅夫人材不同能各有異有自任之能脩巳潔身總御百官有立法使人從之之能法懸人懼無敢犯也有消息辨護之能智意辨護周旋得節有德教師人之能道術深明動爲物教有行事使人譴讓之能云爲得理義和於時有司察糾摘之能督察是非無不區別有權奇之能務以奇計成事立功有威猛之能猛毅昭著振威敵國夫能出於材材不同量材能既殊任政亦異是故自任之能清節之材也故在

朝也則冢宰之任爲國則矯直之政其身正故
掌天官而總百揆立法之能治家之材也故在朝
也則司寇之任爲國則公正之政法無私故掌秋
官而詰姦暴計策之能術家之材也故在朝也
則三孤之任爲國則變化之政計慮明故輔三槐而
助論道人事之能智意之材也故在朝也則
冢宰之佐爲國則諧合之政智意審故佐天官而詰內
外行事之能譴讓之材也故在朝也則司

寇之任爲國則督責之政辨衆事故佐秋官而督儆慢權奇之能伎倆之材也故在朝也則司空之任爲國則藝事之政伎能巧故任冬官而成藝事司察之能臧否之材也故在朝也則師氏之佐爲國則刻削之政是非章故佐師氏而察善否威猛之能豪傑之材也故在朝也則將帥之任爲國則嚴厲之政體果毅故總六師而振威武凡偏材之人皆一味之美譬飴以甘爲名酒以苦爲實故長於

辨一官弓工採材而有餘力而短於爲一國兼掌陶治器不成矣何者夫一官之任以一味協五味鹽人調鹽醯人調醯則五味成矣譬梓里治材土官治牆則屢屋成一國之政以無味和五味水以無味故五味得其和猶君體平淡則百官施其用又國有俗化民有劇易五方不同風俗各異土有剛柔民有劇易而人材不同故政有得失以簡治易則得治煩則失是以王化之政宜於統大易簡而天下之理得矣以之治小則迂網疎而呑舟之姦漏辨護之政宜於

治煩、事皆辨護煩亂乃理以之治易則無易、甚於督促民不
便也策術之政宜於治難、權畧無方鮮釋患難以之治
平則無奇、術數煩衆民不安矣矯抗之政宜於治侈
矯枉過正以厲侈靡以之治弊則殘、俗弊治嚴則民殘矣諧和
之政宜於治新、國新禮教苟合而已以之治舊則虛
苟合之教非禮實也、公刻之政宜於糾姦、刻削不深姦亂不止
以之治邊則失衆、衆民憚法易逃叛矣威猛之政宜
於討亂、亂民桀逆非威不服以之治善則暴、政猛民殘濫良

善矣伎倆之政宜於治富以國富民以使以之治貧則勞而下困易貨改鑄民失業矣故量能授官不可不審也凡此之能皆偏材之人也故或能言而不能行或能行而不能言智勝則能言材勝則能行至於國體之人能言能行故爲衆材之雋也人君之能異於此平淡無爲以任衆能故臣以自任爲能竭力致功以取爵位君以用人爲能任賢使能國家自理臣以能言爲能各言其能而受其官君以能

聽爲能聽言觀行而授其官臣以能行爲能必行其所言
君以能賞罰爲能必當其功過也所能不同君無爲而
臣有事故能君衆材也若君以有爲代大匠斲則衆能失巧功不
成矣

利害第六建法陳術以利國家又其弊也害歸於巳

葢人業之流各有利害流漸失源故利害生夫節清
之業著于儀容發於德行心清意正則德容外著未
用而章其道順而有化德輝昭著故不試而效效理於人故

物無不化故其未達也為衆人之所進理順則衆人樂進之既達也為上下之所敬德和理順誰能慢之其功足以激濁揚清師範僚友其為業也無弊而常顯非徒不弊存而有顯故為世之所貴德信有常人不能賤法家之業本于制度待乎成功而效法以禁姦姦止乃效其道前苦而後治嚴而為衆初布威嚴是以勞苦終以道化是以民治故其未達也為衆人之所忌姦黨樂亂忌法者衆已試也為上下之所憚憲防肅然

内外振悚其功足以立法成治民不爲非治道乃成其弊也爲群枉之所讐法行寵貴終受其害其爲業也有敝而不常用明君乃能用之靈明不繼世故法不常用故功大而不終是以商君車裂吳起支解術家之業出於聰思待於謀得而章斷於未行人無信者功成事效而後乃彰也其道先微而後著精而且玄計謀微妙其始至精終始合符是以道著其未達也爲衆人之所不識謀在功前衆何由識其用也爲明主之所珍暗主昧然豈能貴之其功

足以運籌通變變以求通故能成其功其退也藏於
隱微計出微密是以不露其爲業也奇而希用主計神奇
用之者希也故或沈微而不章世希能用道何由章智意
之業本于原度其道順而不忤將順時宜何忤之有
故其未達也爲衆人之所容矣庶事不逆善者來親
已達也爲寵愛之所嘉與衆同和內外美之其功足
以讚明計慮媚順於時言計是信也其敝也知進而
不退不見忌害是以慕進也或離正以自全用心多媚故遠

於正其爲業也諧而難持韜情諧智非雅正之倫也故或
先利而後害知進忘退取悔之道摵否之業本乎是
非其道廉而且砭清而混雜砭去纖芥故其未達也
爲衆人之所識清潔不汙在幽而明已達也爲衆人
之所稱業常明白出則受譽其功足以變察是非理清
道潔是非不亂其敝也爲詆訶之所怨詆訶之徒不樂聞過
其爲業也峭而不裕峭察於物何能寬裕故或先得
而後離衆清亮爲時所稱理峭爲衆所憚伎倆之業本于

事能其道辨而且速伎計如神是以速辨其未達也爲衆人之所異伎能出衆故雖微而顯已達也爲官司之所任遂事成功政之所務其功足以理煩糾邪釋煩理邪亦須伎倆其敝也民勞而下困上不端而下困其爲業也細而不泰故爲治之末也道不平弘其能太乎

接識第七

推己接物俱識同體兼能之士乃達羣材

夫人初甚難知貌厚情深難得知也而士無衆寡皆

自以爲知人故以己觀人則以爲可知也己尚清節則凡清節者皆己之所知觀人之察人則以爲不識也夫何哉由己之所尚在於清節人之所好在於利欲曲直不同於他便謂人不識物也是故能識同體之善性長思謀則善策畧之士而或失異量之美遵法者雖美乃思謀之所不取何以論其然夫清節之人以正直爲度故其歷衆材也能識性行之常度在正直故悦有恒之人而或疑法術之詭謂守正足以致治何以法術爲也法制之人

以分數爲度故能識較方直之量度在法分故恍方直之人而不貴變化之術謂法分足以濟業何以術謀爲也

術謀之人以思謨爲度故能成策畧之奇度在思謀故貴策畧之人而不識遵法之良謂思謨足以化民何以法制爲也

器能之人以辨護爲度故能識方畧之規度在辨護故恍方計之人而不知制度之原謂方計足以立功何以制度爲也

智意之人以原意爲度故能識韜諝之權度在原意故恍韜諝之人而不貴法教

之常（謂原意足以爲正何以法理爲也）佞儷之人以邀功爲度故能識進趣之功（度在邀功故恍功能之人）而不通道德之化（謂佞能足以成事何以道德爲也）臧否之人以伺察爲度故能識訶砭之明（度在何察故恍譴訶之人）而不暢倜儻之異（謂譴訶乃成教何以寬弘爲也）言語之人以辨析爲度故能識捷給之惠（度在剖析故恍敏給之人）而不知含章之美（謂辨論事乃理何以含章爲也）是以互相非駁莫肯相是（人皆自以爲是誰肯道人之是）

取同體也則接論而相得（性能苟同則雖胡越接響而情通）取異體也雖歷久而不知（性能苟異則雖比宥歷年而逾疎矣）凡此之類皆謂一流之材也（故同體則親異體則疎）若二至已上亦隨其所兼以及異數（法家兼術故能以術輔法）故一流之人能識一流之善（以法治者所以舉不過法）二流之人能識二流之美（體法術者法術兼行）盡有諸流則亦能兼達衆材（體通八流則八材當位物無不理）故兼材之人與國體同（謂八材之

人始進陳言冢宰之官察其所以欲觀其一隅則終朝足以識之將究其詳則三日而後足何謂三日而後足夫國體之人兼有三材故談不三日不足以盡之一以論道德二以論法制三以論策術然後乃能竭其所長而舉之不疑在上者兼明八材然後乃能盡其所進用而無疑矣然則何以知其兼偏而與之言乎察言之時何以識其偏材何以識其兼材也其爲人也務以流數杼人之所長

而爲之名目如是兼也每因事類抒盡人之所能爲之名目

言不容口如陳以美欲人稱之已之有善因事自說又欲令人

言常稱已不欲知人之所有如是者偏也人之有善

耳不樂聞人稱之口不和也不欲知人則言無不疑聞法

則疑其刻削聞術則疑其詭詐是故以深說淺益深益異

淺者意近故聞深理而心逾衒是以商君說帝王之道不入則以彊兵之義示之

異則相迂反則相非聞深則心衒焉得而相是是以李兌塞

而不聽蘇秦之說是故多陳處直則以爲見美以其

義

多方疑似見美也靜聽不言則以爲虛空待時來語疑其無實抗爲高談則爲不遜辭護理高疑其凌己遜讓不盡則以爲淺陋卑言寡氣疑其淺薄言稱一善則以爲不愽未敢多陳疑其陋狹歷發衆奇則以爲多端偏擧事類則欲以釋之復以爲多端先意而言則以爲分美言合其意疑分己美因失難之則以爲不喩欲補其失反不喩也說以對反則以爲較己欲反其事而明言乃疑其較也愽以異雜則以爲無要控盡所懷謂之無要論以同

體然後乃悅弟凡忿肆爲陳管蔡之事則欣暢而和悅於是乎

有親愛之情稱譽之變苟言之同非徒親愛而已乃至譽而舉之此偏材之常失意常婣護欲人同已已不必得何由暫得

英雄第八自非平淡能各有名英爲文昌雄爲武稱

夫草之精秀者爲英獸之特群者爲雄物尚有之況於人乎故人之文武茂異取名於此文以英爲名武以雄爲號是故聰明秀出謂之英膽力過人謂之雄此其大體之別名也若校其分數

則牙則須（英得雄分然後成章雄得英分然後成剛）各以二分取彼一分然後乃成（膽者雄之分智者英之分英有聰明須膽而後成雄有膽力須知而後立）何以論其然夫聰明者英之分也不得雄之膽則說不行（智而無膽不能正言）膽力者雄之分也不得英之智則事不立（勇而無謀不能立事）是故英以其聰謀始以其明見機（智以謀事之始明以見事之機）待雄之膽行之（不決則不能行）雄以其力服衆以其勇排難（非力衆不服非勇難不排）

待英之智成之智以制宜巧乃可成然後乃能各濟其所長也譬金待水而成利功物得水然後成養功若聰能謀始而明不見機乃可以坐論而不可以處事智能坐論而明不見機何事務之能處聰能謀始明能見機而勇不能行可以循常而不可以慮變明能循常勇不能行何應變之能爲若力能過人而勇不能行可以爲力人未可以爲先登力雖絶群膽雄不決何先鋒之能爲力能過人勇能行之而智不能斷

事可以爲先登未足以爲將帥力能先登臨事無謀何將帥之能爲必聰能謀始明能見機膽能决之然後可以爲英張良是也氣力過人勇能行之智足斷事乃可以爲雄韓信是也體分不同以多爲目故英雄異名張良英智多韓信雄膽勝然皆偏至之材人臣之任也故英可以爲相制勝于近雄可以爲將揚威于遠若一人之身兼有英雄則能長世高祖項羽是也然英

之分以多於雄而英不可以少也英以致智智能
役雄何可少也英分少則智者去之故項羽氣力
蓋世明能合變膽烈無前濟江焚糧而不能聽采奇
異有一范增不用是以陳平之徒皆亡歸
高祖英分多故群雄服之英材歸之兩得
其用雄既服矣英又歸之故能吞秦破楚宅有天下
然則英雄多少能自勝之數也勝在於身則能勝物
徒英而不雄則雄材不服也內無主於中外物何由入

徒雄而不英則智者不歸往也無名以接之智者何由往故雄能得雄不能得英兕虎自成群也英能得英不能得雄鸞鳳自相親也故一人之身兼有英雄乃能役英與雄能役英與雄故能成大業也武以服之文以綏之則業隆當年福流後世

八觀第九群材異品志各異歸觀其通否所格者八

八觀者一曰觀其奪救以明間雜或慈欲濟恤而恡奪其人或救濟廣厚而乞醯為惠二曰觀其感變以審常

度觀其慍怍則常度可審三曰觀其志質以知其名徵質相應覩色知名四曰觀其所由以辨依似依訐似直五曰觀其愛敬以知通塞倉卒難明察其所安昭然可辨六曰觀其情機以辨恕惑純愛則物親而情通純敬則理疎而情塞得其所欲則恕違其所欲則惑七曰觀其所短以知所長訐剌雖短而長於爲直八曰觀其聰明以知所達雖體衆材而材不聰明事事蔽塞其何能達何謂觀其奪救以明間雜夫質有至有違剛質無欲所以爲至貪情或勝

所以爲違若至勝違則惡情奪正若然而不然以欲勝剛以此似剛而不剛故仁出於慈有慈而不仁者仁必有恤有仁而不恤者厲必有剛有厲而不剛者若夫見可憐則流渧慈心發於中將分與則悋嗇是慈而不仁者爲仁者必濟恤覩危急則惻隱仁情動於內將赴救則畏患是仁而不恤者爲恤者必赴危處虛義則色厲精厲見於貌顧利慾則內荏是厲而不剛者爲剛者必無慾然

則慈而不仁者、則怯奪之也、〔愛財傷於慈〕仁而不恤者、則懼奪之也、〔恇怯損於仁〕厲而不剛者、則慾奪之也、〔利慾害於剛〕故曰、慈不能勝怯、無必其能仁也、〔愛則不施何於仁之爲能〕仁不能勝懼、無必其能恤也、〔畏懦不果何恤之能行〕厲不能勝慾、無必其能剛也、〔情存利慾何剛之能成〕是故不仁之質勝、則伎力爲害器、〔仁質既弱而有伎力此害己之器也〕貪悖之性勝、則彊猛爲禍梯、〔廉質既貧而性強猛此禍己之梯也〕

亦有善情救惡不至爲害惡物宜翦而除純善之人憐而救之此稠厚之人非大害也愛惠分篤雖傲狎不離平生結交情厚分深雖原壤夷俟而不相棄無大過也助善著明雖疾惡無害也如殺無道以就有道疾惡雖甚無大非也救濟過厚雖取人不貪也取人之物以有救濟雖譏在乞醯非大貪也是故觀其奪救而明間離之情可得知也或畏慄奪慈仁或救過濟其分而平淡之主順而恕何謂觀其感變以審常度夫人厚貌深情將欲求之必觀其

辭旨察其應贊視發言之旨趣觀應和之當否夫觀其辭

旨猶聽音之善醜音唱而善醜別察其應贊猶視

智之能否也聲和而能否別故觀辭察應足以互

相別識彼唱此和是非相舉然則論顯揚正白也辭顯

唱正是曰明白不善言應玄也默而識之是曰玄也經緯玄

白通也明辨是非可謂通理移易無正雜也理不一據言意

渾雜先識未然聖也追思玄事叡也見事過

人明也以明爲晦智也心雖明之常若不足微忽必

識妙也理雖至微而能察之美妙不昧踈也心致昭然是曰踈朗測之益深實也心有實智探之愈精猶泉滋中出測之益深也假合炫燿虛也道聽塗說久而無實猶池水無源洩而虛竭自見其美不足也智不贍足恐人不知以自伐不伐其能有餘也不畏不知故曰凡事不度必有其故色貌失實必有憂喜之故憂患之色乏之而且荒憂患在心故形色荒疾疢之色亂而垢雜黃黑色雜理多塵垢喜色愉然以懌愠色厲然以揚妬惑之色冒昧無常

粗白粗赤憤憤在面及其動作蓋並言辭色既發揚言亦從之是故其言甚懌而精色不從者中有違也心恨而言強和色貌終不相從其言有違而精色可信者辭不敏也言不自盡故辭雖違而色貌可信言未發而怒色先見者意憤溢也憤怒填胷者未言而色貌已作言將發而怒氣送之者彊所不然也欲強行不然之事故怒氣助言凡此之類徵見於外不可奄違心懽而怒容意恨而和貌雖欲違之精色不從心動貌從感愕以

明雖變可知情雖在內感愕發外千形萬貌粗可知矣是故觀其感變而常度之情可知觀人辭色而知其心物有常度然後審矣何謂觀其至質以知其名凡偏材之性二至以上則至質相發而令名生矣二至質氣之謂也質直氣清則善名生矣是故骨直氣清則休名生焉骨氣相應名是以美氣清力勁則烈名生焉氣既清矣力勁則烈勁智精理則能名生焉智既勁矣精理則能稱智直彊慤則任名生焉直而又美是以見任集于

端質則令德濟焉（質徵端和善德乃成）加之學則文理灼焉（圭玉有質瑩則成文）是故觀其所至之多少而異名之所生可知也（尋其質氣覽其清濁雖有多少之異異狀之名斷可知之）何謂觀其所由以辨依似夫純訐性違不能公正（質氣俱訐何正之有）依訐似直以訐訐善（以直之訐訐及良善）純宕似流不能通道（質氣俱宕何道能通）依宕似通行傲過節（似通之宕容傲無節）故曰直者亦訐訐者亦訐其訐則同其所以

爲訐則異直人之訐訐惡憚非純訐爲訐訐善刺是通者亦宕宕者亦宕其宕則同其所以爲宕則異通人之宕簡而達道純宕傲僻以自恣然則何以別之直而能溫者德也溫和爲直所以爲德直而好訐者偏也性直過訐所以爲偏訐而不直者依也純訐似直所以爲依道而能節者通也以道自節所以爲通通而時過者偏也性通時過所以爲偏宕而不節者依也純宕自通所以爲依偏之與依志同質違所謂似是而非也質同通直

或偏或依是故輕諾似烈而寡信不量已力輕許死人臨難
畏怯不能殉命多易似能而無效不顧材能日謂能辦受事猖獗
作無效驗進銳似精而去速精躁之人不能久任訶者似
察而事煩譴訶之人每多煩亂訐施似惠而無成當時
似給終無所成面從似忠而退違阿順目前却則自是此似
是而非者也紫色亂朱聖人惡之亦有似非而是者
事同於非其功實則是大權似姦而有功伊去太甲以成其功
大智似愚而內明終日不違內實分別博愛似虛而

實厚（況愛無私似虛而實）正言似訐而情忠（譬帝桀紂至誠

忠愛）夫察似明非御情之反（欲察似類審則是非御取人情

反覆明之）有似理訟其實難別也（故聖人參訊廣訪與衆共

之）非天下之至精其孰能得其實（若其實可得何

憂乎驩兜何迁乎有苗是以昧旦晨興揚明仄陋語之三槐詢之九棘）故聽

言信貌或失其真（言訥貌惡仲尼失之子羽）詭情御反

或失其賢（疑非人情公孫失之小式）賢否之察實在所

依（雖其難知即當尋其所依而察之）是故觀其所依而似

類之質可知也雖其不盡得其實然察其所依似身其體氣粗可幾矣何謂觀其愛敬以知通塞蓋人道之極莫過愛敬愛生於父子敬立於君臣是故孝經以愛爲至德起父子之親故爲至德以敬爲要道終君臣之義故爲道之要易以感爲德氣通生物人得之以利養以謙爲道尊卑殊別道之次序老子以無爲德施化無方德之則也以虛爲道寂寞無爲道之倫也禮以敬爲本禮由陰作肅然清淨樂以愛爲主樂由陽來歡然親愛然則人情之質有愛敬

之誠方在哺乳愛敬生矣則與道德同體動獲人心
而道無不通也體道脩德故物順理通然愛不可少
於敬少於敬則廉節者歸之廉人好敬是以歸之而
衆大不與衆人樂愛愛少是以不與愛多於敬則雖廉
節者不悅而愛接者死之廉人寡常人衆衆人樂愛致其
死則事成業齊是故愛之爲道不可少矣何則敬之爲道也嚴
而相離其勢難久動必肅容過之不久逆旅之人不及溫和而歸
也愛之爲道也情親意厚深而感物煦渝篤密

感物深感是以翳桑之人倒戈報德是故觀其愛敬之誠而通塞之理可得而知也篤於慈愛則溫和而上下之情通務在禮敬則嚴肅而外內之情塞然必愛敬相須不可一時而無然行其二義者常當務令愛多敬少然後肅穆之風可得希矣何謂觀其情機以辨怨惑夫人之情有六機杼其所欲則喜爲有力者譽烏獲其心莫不忻焉不杼其所能則怨爲辨給者稱三緘其心莫不忿然以自伐歷之則惡抗己所能以歷衆人衆人所惡以謙損下之則悅卑損下人人皆喜悅犯其所乏

則媢〔人皆悅已所長惡已所短故稱其所短則媢戾忿肆〕以惡犯媢則妬〔自伐其能人所惡也稱人之短人所媢也今伐其所能犯人所媢則妬害生也〕此人性之六機也夫人情莫不欲遂其志〔志之所欲欲遂已成〕故烈士樂奮力之功〔遭難而力士奮〕善士樂督政之訓〔政脩而善士用〕能士樂治亂之事〔治亂而求賢能〕術士樂計策之謀〔廣籌而求其策〕辯士樂陵訊之辭〔賓贊而求辨給〕貪者樂貨財之積〔貨財積則貪者容其求〕幸者樂權勢之尤〔權勢之尤則幸者竊其柄〕

苟贊其志，（撫[illegible]）莫不欣然，是所謂杼其所欲則喜也。（撫欲之以杼，盡復何怨乎。）若不杼其所能，則不獲其志，不獲其志則戚。（負己才之不展。）是故功力不建則烈士奮，（奮憤不能盡其材也。）德行不訓則正人哀，（哀不得行其化。）政亂不治則能者歎，（歎不得用其能。）敵能未弭則術人思，（思不得運其奇。）貨財不積則貪者憂，（憂無所收其利。）權勢不尤則幸者悲，（悲不得弄其權。）是所謂不杼其能則怨也。（所怨

不矜其能悗也人情莫不欲處前故惡人之自伐
皆欲居物先故惡人之自伐也自伐皆欲勝之類也是故
自伐其善則莫不惡也惡其有勝己之心是所謂
自伐歷之則惡也是以達者終不自伐人情皆欲求
勝故悗人之謙謙所以下之下有推與之
意是故人無賢愚接之以謙則無不色懌
不問能否皆欲勝人是所謂以謙下之則悗也是以君子
終日謙謙人情皆欲掩其所短見其所長稱其所長

則恍稱其所短則慍是故人駮其所短似若物冒之情之憤悶有若覆冒是所謂駮其所乏則媢也覆冒純塞其心媢戾人情陵上者也見人勝己皆欲陵之陵犯其所惡雖見憎未害也雖惡我自伐未甚疾害也若以長駮短是所謂以惡犯媢則妬惡生矣以己之長駮人之短而取其害是以達者不爲之也凡此六機其歸皆欲處上物之自大人人皆爾是以君子接物犯而不校知物情好勝雖或以小犯已終不校拒也不校則無不敬下所以

避其害也（務行謙敬誰害之哉）小人則不然既不見機（不達妬害之機）而欲人之順已（謂欲人無違已）以佯愛敬爲見異（孔光逡巡董賢欣喜）以偶邀會爲輕（謂非本心忿其輕已）苟犯其機則深以爲怨（小人易悦而難事）是故觀其情機而賢鄙之志可得而知也（賢明志在退下鄙劣志在陵上是以平淡之主御之以正訓貪者之所憂戒幸者之所悲然後物不自伐下不陵上賢否當位治道有序）何謂觀其所短以知所長夫偏材之人皆有所短（智不能周也）故

直之失也訐刺訐傷於義故其父攘羊其子證之剛之失也厲剛切傷於理故諫君不從承之以刎和之失也愞愞弱不及道故宮之奇為人撓不能強諫介之失也拘拘愚不達事尾生守信死於橋下夫直者不訐無以成其直既悅其直不可非其訐用人之直恕其訐也訐也者直之徵也非訐不能為直剛者不厲無以濟其剛既悅其剛不可非其厲用人之剛恕其厲也厲也者剛之徵也非厲不能為剛和者不愞無以保其和既悅其和不

可非其懦用人之和恕其愞也愞也者和之徵也非懦不能為和介者不拘無以守其介既悦其介不可非其拘用人之介恕其拘也拘也者介之徵也非拘不能為介然有短者未必能長也純訐之人未能正直有長者必以短為徵純和之人徵必愞弱是故觀其徵之所短而其材之所長可知也欲用其剛必采之於厲

何謂觀其聰明以知所達夫仁者德之基也載德而行義者德之節也制德之所宜也禮者德

之文也、（禮德之文理也）信者德之固也、（固德之所執也）智者德之帥也、（非智不成德）夫智出於明、（明達乃成智）明之於人、猶晝之待白日、夜之待燭火、（火日所以照晝夜，智達所以明物理）其明益盛者、所見及遠、（火日愈明所照愈遠，智達彌明理通彌深）及遠之明難、（聖人猶有不及）是故守業勤學、未必及材、（生知者上，學能者次）材藝精巧、未必及理、（因習成巧，淺於至理）理義辨給、未必及智、（理成事業，昧于玄智）智能經事、未必及道、（役智經務去道）

遠矣道思玄遠然後乃周道無不載故無不周是謂學不及材材不及理理不及智智不及道道智玄微故四變而後及道也者同復變通理不繫一故變通之是故别而論之各自獨行則仁爲勝仁者濟物之資明者見理而已合而俱用則明爲將仁者待明其功乃成故以明將仁則無不懷威以使之仁以恤之以明將義則無不勝示以斷割之宜以明將理則無不通理若明練萬事乃達然則苟無聰明無以能遂暗者昧時何能

故好聲而實不充則恢好辯而理不至則煩好法而思不深則刻好術而計不足則僞是故鈞材而好學明者爲師比力而爭智者爲雄等德而齊達者稱聖聖之爲稱明智之極名也是以觀其聰明而所達之材可知也

人物志卷中終

3

人物志

第三册

人物志卷下

魏　散騎常侍劉邵撰

涼　儒林祭酒劉昞注

七繆十　效難十一

釋爭十二

七繆第十

人物之理妙而難明以情鑒察繆猶有七

七繆一曰察譽有偏頗之繆徵質不明故聽有偏頗也

二曰接物有愛惡之惑或情同忘其惡或意異違其善也

三曰度心有小大之誤（或小知而大無成或小暗而大無明）四曰品質有早晚之疑（有早智而速成者有晚智而晚成者）五曰變類有同體之嫌（材同勢均則相競材同勢傾則相敬）六曰論材有申壓之詭（藉富貴則惠施而名申處貧賤則乞求而名壓）七曰觀奇有二尤之失（妙尤含藏直尤虛瑰故察難中也）夫采訪之要不在多少（事無巨細要在得正）然徵質不明者信耳而不敢信目（目不能察而信於耳）故人以爲是則心隨而明之人以爲非則

意轉而化之信人毀譽故向之所是化而爲非雖無所嫌
意若不疑信毀譽者心雖無嫌意固疑矣且人察物亦自
有誤愛憎兼之其情萬原明既不察加之愛惡是非是疑
豈可勝計不暢其本胡可必信去愛憎之情則實理得矣是
故知人者以目正耳雖聽人言常正之以目不知人
者以耳敗目親見其誠猶信毀而棄之故州閭之士皆
譽皆毀未可爲正也或衆附阿黨或獨立不群交遊之
人譽不三周未必信是也交結致譽不三周色貌取人而

行違之夫實厚之士交遊之間必每所在肩稱言忠信行篤敬雖蠻貊之邦行矣上等援之下等推之蠻貊推之兇州里乎苟不能周必有咎毀行不篤敬者或諂諛得上而失於下或阿黨得下而失於上故偏上失下則其終有毀非之者多故不能終偏下失上則其進不傑衆雖推之上不信異故誠能三周則爲國所利此正直之交也由其正直故名有利故皆合而是亦有違比或違正阿黨故合而是之皆合而非或在其中或特立不群故

合而非之若有奇異之材則非衆所見奇逸絶衆衆何由識而耳所聽采以多爲信不能審查其材但信衆人言也是繆於察譽者也信言察物必多繆失是以聖人如有所譽必有所試夫愛善疾惡人情所常不問賢愚情皆同之也苟不明質或疎善善非非者見善善者見疎豈故然哉由意不明何以論之夫善非者雖非猶有所是既有百非必有一是以其所是順已所長惡人一是與已所長同也則不自覺情通意親忽忘其惡以與已同忘其百非謂矯

駑爲至孝殘挑爲至忠善人雖善猶有所乏之雖有百善或有一短以其所乏之不明已長善人一短與已所長異也以其所長輕已所短則不自知志乖氣違忽忘其善以與已異百善皆棄謂曲杖爲七首莽楯爲反具耶是惑於愛惡者也徵質塘昧者其於接物常以愛惡惑異其正夫精欲深徵質欲懿重志欲弘大心欲嗛小精徵所以入神妙也麁則失神懿重所以崇德宇也躁則失身志大所以戡物任也小則不勝心小所以慎

咎悔也大則驕陵故詩詠文王小心翼翼不大聲以色小心也言不貪求大名聲見於顏色王赫斯怒以對于天下志大也故能誅紂定天下以致太平由此論之心小志大者聖賢之倫也心小故以服事殷志大故三分天下有其二心大志大者豪傑之雋也志大而心又大故名豪雋心大志小者傲蕩之類也志小而心闊遠故爲傲蕩之流也心小志小者拘愞之人也心近志短豈能弘大衆人之察或陋其心小見沛公燒絕棧道謂

其不能定天下或壯其志大見項羽號稱強楚便謂足以匡諸侯是誤於小大者也由智不能察其度心常誤於小大夫人材不同成有早晚有早智而速成者質清氣朗生則秀異故童烏蒼舒總角曜奇也有晚智而晚成者質重氣遲則久乃成器故公孫含道老而後章有少無智而終無所成者質濁氣暗終老無成故原壤年老聖人叩脛而不能化有少有令材遂爲雋器者幼而通理長則愈明故常材發奇於應賓效德於公相四者之理不可不察當察其早晚隨時而用之夫幼智

之人材智精達然其在童髦皆有端緒仲尼戲言俎豆鄧艾指圖軍旅故文本辭繁初辭繁者長必文麗辯始給口幼給口者長必辯論也仁出慈恤幼慈恤者長必矜人施發過與幼過與者長必好施慎生畏懼幼多畏者長必謹慎廉起不取幼不妄取長必清廉早智者淺惠而見速見小事則達其形容晚成者奇識而舒遲智雖舒緩能識其妙終暗者並困於不足事務難易意皆昧然遂務者周達而有餘事無大小皆能極之而衆人之察不慮其變

常以一槩責於終始是疑於早晚者也或以早成而疑晚智或以晚智而疑早成故於品質常有妙失也夫人情莫不趣名利避損害名利之路在於是得是得在已名利與之損害之源在於非失非失在已損害攻之故人無賢愚皆欲使是得在已賢者尚然況愚者乎能明已是莫過同體體同於我則能明已是以偏材之人交遊進趨之類皆親愛同體而譽之同體能明已是以親而譽之憎惡對反而毀之與已體反是以惡而疎之序異雜

而不尚也（不與已同不與已異則雖不憎亦不尚之）推而論之無他故焉夫譽同體毀對反所以証彼非而著已是也（由與已同體故証彼非而著已是也）至于異雜之人於彼無益於已無害則序而不尚（不以彼爲是不以已爲非都無損益何所尚之）是故同體之人常患於過譽（譬俱爲力人則力小者慕大力者提小故其相譽常失其實也）大及其名敵則尠能相下（若俱能負鼎則爭勝之心生故不能相下）是故直者性奮好人行直於人（見人正直則心

（好之）而不能受人之訐（剌已之非則訐而不受）盡者情露好人行盡於人（見人顯露則心好之）而不能納人之徑（詭已徑盡則違之不納）務名者樂人之進趨過人（見人乘人則慌其進趨）而不能出陵已之後（人陵於已）（則忿而不服）是故性同而材傾則相援而相賴也（並有旅力則大能與小）性同而勢均則相競而相害也（恐彼勝已則妬善之心生）此又同體之變也故或助直而毀直（人直過於已直則非毀之心生）或與明而毀

明人明過於己明則妬害之心動而衆人之察不辨其律理是嫌於體同也體同尚然況異體乎夫人所處異勢勢有申壓富貴遂達勢之申也身處富貴物不能屈是以佩六國之印父母迎於百里之外貧賤窮匱勢之壓也身在貧賤志何申展是以黑貂之裘弊妻嫂墮于閨門之內上材之人能行人所不能行凡云為動靜固非衆人之所及是故達有勞謙之稱窮有著明之節材出于衆其進則裒多益寡勞謙濟世退則履道坦坦幽人貞吉中材之人則隨世

損益守常之智申壓在時故勢來則益勢去則損是故藉富貴則貨財克於內施惠周於外貲財有餘恣意周濟見贍者求可稱而譽之感其恩紀匡救其惡是以朱建受金而爲食其畫計見援者闡小美而大之感其引援將順其美是以曹丘見援爲季布揚名雖無異材猶行成而名立夫富與貴可不欣哉乃至無善而行成無智而名立是以富貴妻嫂恭況他人乎處貧賤則欲施而無財欲援而無勢有慈心而無以拯識奇材而不能援親戚不能恤朋友不見濟內無蔬食

之饋外無緼袍之贈分義不復立、恩愛浸以離、意氣皆空
薄分意何由立怨望者並至、歸非者日多、非徒薄已遂生
怨謗之言雖無罪尤、猶無故而廢也、夫貧與賤可不懾哉
乃至無由而生謗無罪而見廢是故貧賤妻子慢況他人乎故世有侈
儉名由進退、行雖在我而名稱在世是以良農能稼未必能穡天
下皆富則清貧者雖苦必無委頓之憂、家給
人足路人皆饋之且有辭施之高、以獲榮名之利、
得辭施之高名受餘光之善利皆貧則求假無所告、家貧戶乏

（粟成珠玉）而有窮乏之患，且生鄙吝之訟。（乞假無遺，與嫂叔爭糟糠。）是故鈞材而進，有與之者，則體益而茂遂；（已既自足，復須給賜，則名美行成，所爲遂達。）私理卑抑，有累之者，（已既不足，親戚並困。）則微降而稍退。（上等不援，下等不推。）而衆人之觀，不理其本，各指其所在。（謂申達者爲材能，壓屈者爲愚短。）是疑於申壓者也。（材智雖鈞，貴賤殊塗，申壓之變在乎貧富。）夫清雅之美，著乎形質，察之寡失；（形色外著，故可得而察之。）失繆之由，恒在二尤。

二尤之生與物異列是故非常人之所見故尤妙之
人含精於內外無飾姿譬金水內明而不外朗故馮唐白首
屈於郎署尤虛之人碩言瑰姿內實乖反猶燭火外
照灰燼內暗故主父偃辭麗一歲四遷而人之求奇不可以
精微測其玄機明異希其尤奇異非精不察或以貌
少爲不足覩醜蔑貌惡便疑其淺陋或以瑰姿爲巨偉
見江充貌麗便謂其巨偉或以直露爲虛華以其款盡疑無厚實
或以巧飭爲真實巧言如流悅而覩之是以早拔多

誤不如順次或以甘羅爲早成而用之於早歲或訣復欲順次也夫順次常度也苟不察其實亦焉往而不失徵質不明不能識奇故使順次亦不能得故遺賢而賢有濟則恨在不早拔故鄭伯謝之於燭武拔奇而奇有敗則患在不素別故光武悔之於朱浮任意而獨繆則悔在不廣問秦穆不從蹇叔雖追誓而無及廣問而誤已則怨已不自信隗囂心存於漢而爲王元所誤是以驥子發足衆士乃誤韓信立功淮陰乃震夫豈惡

奇而好疑哉乃尤物不世見而奇逸美異也故非常人之所識也是以張良體弱而精彊爲衆智之雋也不以質弱而傷於智荊叔色平而神勇爲衆勇之傑也不以色和而傷於勇然則雋傑者衆人之尤也奇逸過於衆人故衆人不能及聖人者衆尤之尤也通達過於衆奇故衆奇不能逮其尤彌出者其道彌遠非天下之至精其孰能與於此故一國之雋於州爲輩未得爲第也郡國之所雋異比於州郡未及其第目一州之第

於天下爲椳[州郡之所第目以比天下之雋椳而不可及椳一回反樞]也天下之椳世有優劣[英人不世繼是以伊召管齊應運乃]出是故眾人之所貴各貴其出已之尤[智材]勝已則以爲貴]而不貴尤之所尤[尤之尤者非眾人之所識]是故眾人之明能知輩士之數[眾人明者粗知郡國出輩]之士而已]而不能知第目之度[乃未識郡國品第之雋]輩士之明能知第目之度[出輩明者粗知郡國第目之良]不能識出尤之良也[未識出尤奇異之理]出尤之人能

知聖人之教（瞻之在前忽焉在後）不能究之入室之奥也（如有所立卓爾雖欲從之末由也已）由是論之人物之理妙不可得而窮已（爲當擬諸形容象其物宜觀其會通舉其一隅而已）

效難第十一（人材精微實自難知知之難審效薦之難）

葢知人之效有二難有難知之難（尤奇遊雜是以難知）有知之而無由得效之難（已雖知之無由得薦）何謂難知之難人物精微（智無形狀奇逸精妙）能神而

明（欲入其神而明其智）其道甚難，固難知之難也（知人則哲，惟帝難之，況常人乎）是以衆人之察不能盡備（各守其一方而已）故各自立度以相觀采（以己所能歷觀衆才）
或相其形容（以貌狀取人）或候其動作（以進趨取人）
或揆其終始（以發正取人）或揆其儗象（以旨意取人）
或推其細微（以情理取人）或恐其過誤（以簡恕取人）
或循其所言（以辭旨取人）或稽其行事（以功効取人）
八者遊雜（各以意之所可爲准，是以雜而無紀）故其得者少所失者多、但取其同於己而失其異於己己不必兼故失者多是故必有草創信形之誤、或色貌取人而行違又有居止變化之謬、或身在江海心存魏闕故其接遇觀人也、隨行信名、失其中情、是以聖人聽言觀行如有所譽必有所試故淺美揚露則以爲有異、智淺易見狀似異美深明沉漠則以爲空虛、智深內明狀似無實分別妙理、則以爲離婁、研精至理狀似離婁口傳甲乙則以爲義理、強指物類狀似有理好說是非、則以爲臧否、妄說是非

似明善否講目成名則以爲人物強議賢愚似明人物平
道政事則以爲國體妄論時事似識國體猶聽有聲
之類名隨其音七者不能明物皆隨行而爲之名猶聽猫音而謂之
猫聽雀音而謂之雀不知二蟲竟謂何名也世之疑惑皆此類也是以魯國儒服者
衆人皆謂之儒立而問之一人而已夫名非實用之不效南箕
不可以簸揚北斗不可挹酒漿故曰名猶口進而實從事
退衆覩形而名之故用而不驗也中情之人名不副實用
之有效真智在中衆不能見故無外名而有內實故名由衆退

而實從事章效立則名章此草創之常失也淺智無終深智無始故衆人之察物常失之於初故必待居止然後識之視其所止觀其所居而焉不知故居視其所安安其舊者敦於仁達視其所舉舉剛直者厚於義富視其所與與嚴壯者明於禮窮視其所爲爲經術者勤於智貧視其所取取其分者存於信然後乃能知賢否行此者賢反此者否此又已試非始相也試而知之豈相也哉所以知質未足以知其畧畧在變通不可常准且天下之人

不可得皆與遊處故視其外狀可以得一未足盡知或志趣變易隨物而化是以世祖失之龐萠曹公失之董卓或未至而懸欲或已至而易顧李軼始專心於光武終攻顧於聖公或窮約而力行或得志而從欲王莽初則布衣折節卒則窮奢極侈此又居止之所失也情變如此誰能定之由是論之能兩得其要是難知之難既知其情又察其變故非常人之所審何謂無由得效之難上材已莫知已難識知或所識者在幼賤之中未達

而喪未及進達其人已喪或所識者未拔而先沒未及拔舉已先沒世或曲高和寡唱不見讚公叔座薦商鞅而魏王不能用或身卑力微言不見亮禽息舉百里奚首足皆碎或器非時好不見信貴竇后方好黃老儒者何由見進或不在其位無由得拔卞和非因匠所以抱璞泣或在其位以有所屈迫何武舉公孫祿而爲王氏所排是以良材識真萬不一遇也材能雖良當遇知已知已雖遇當值明王三者之遭萬不一會須識真在位識百不一有也雖識已真

或不在位以位勢值可薦致之宜十不一合也識已須在位智達復須宜或明足識眞有所妨奪不欲貢薦雖識辨賢愚而屈於妨奪故有不欲或好貢薦而不能識眞在位之人雖心好賢善而明不能識是故知與不知相與分亂於總猥之中或好賢而不識或知賢而心妒故用與不用同於衆總紛然淆亂實知者患於不得達效身無位次不知者亦自以爲未識身雖在位而不能識所無由效達謂無由得效之難也故曰知人之效有二

難（是以人主常當運其聰智廣其視聽明揚側陋旁求俊乂舉能不避仇讐拔賢不棄幽隱然後國家可得而治功業可得而濟也）

釋爭第十二（賢善不伐況小事乎釋忿去爭必荷榮福）

蓋善以不伐為大（為善而自伐其能衆人之所小）賢以自矜為損（行賢而去自賢之心何往而不益哉）是故舜讓于德而顯義登聞湯降不遲而聖敬日躋（彼二帝雖天挺聖德生而上哲猶懷勞謙疾行退下然後信義登聞光宅天位）郄至上人而抑下滋甚王叔好爭而終于出犇（此二

大夫矜功陵物或宗移族滅或迯禍出奔由此觀之爭讓之道豈不懸歟然則卑讓降下者茂進之遂路也江海所以爲百谷王以其處下也矜奮侵陵者毀塞之險途也兕虎所以攖牢檻以其性獷噬也是以君子舉不敢越儀準志不敢凌軌等足不苟蹈常懷退下內勤己以自濟外謙讓以敬懼獨處不敢爲非出門如見大賓是以怨難不在於身而榮福通於長久也外物不見傷子孫賴以免彼小人則不然矜功伐能好以陵人初無巨細心發

揚以陵物是以在前者人害之矜能奔縱人情所害有功
者人毀之恃功驕盈人情所毀毀敗者人幸之及其覆敗
人情所幸是故並轡爭先而不能相奪小人競進智不
相過並驅爭險更相蹈籍兩頓俱折而為後者所趨中道
而斃後者乘之譬兎殛犬疲而田父收其功由是論之爭讓之
途其別明矣君子尚讓故涉萬里而途清小人好爭足未動而路塞
然好勝之人猶謂不然貪則好勝雖闇德讓之風意猶昧然
乃云古人讓以得今人讓以失心之所是起而爭之以在前為速銳

以處後爲畱滯故行坐汲汲不暇脂車以下衆爲卑

屈以躡等爲異傑苟矜起等不羞負乘以讓敵爲廻

辱以陵上爲高厲故趙穿不顧元帥彘子以偏師陷是故

抗奮遂往不能自反也譬虎狼食生物遂有殺人之怒夫

以抗遇賢必見遜下相如爲廉頗逡巡兩得其利以抗

遇暴必構敵難灌夫不爲田蚡持下兩得其尤敵難既構

則是非之理必溷而難明俱自是而非彼誰明之耶溷

而難明則其與自毀何以異哉兩虎共鬭小者死大

者傷焉得而兩全且人之毀巳皆發怨憾而變生
疊也若本無憾恨遭事際會亦不致毀害必依託於事飾成
端末凡相毀謗必因事類而飾成之其於聽者雖不盡信
猶半以爲然也由言有端角故信之者半巳之校報亦
又如之復當報謗爲生翅尾終其所歸亦各有半信
著於遠近也俱有形狀不知其實是以近遠之聽皆半信於此半信於
彼然則交氣疾爭者爲易口而自毀也巳說
人之瑕人亦說巳之穢雖詈人自取其詈也並辭競說者爲貸

手以自毆辦忿則力爭已既毆人人亦爲毆已此其爲借手以自毆惑繆豈不甚哉借手自毆借口自詈非惑如何然原其所由豈有躬自厚責以致變訟者乎已能自責人亦自責兩不言競變訟何由生哉皆由內恕不足外望不已所以爭者由內不能恕已自責而外望於人不已也或怨彼輕我或疾彼勝已是故心爭終無休已夫我薄而彼輕之則由我曲而彼直也曲而見輕固其宜矣我賢而彼不知則見輕非我咎也親反傷也固其宜矣若彼賢而

處我前則我德之未至也德輕在彼固所宜也君德鈞而彼先我則我德之近次也德鈞年次固其常矣夫何怨哉且兩賢未別則能讓者爲雋矣材均而不爭優劣衆人善其讓爭雋未別則用力者爲憊矣雋等而名未別衆人惡其鬬是故藺相如以廻車決勝於廉頗寇恂以不鬬取賢於賈復此二賢者知爭塗不可由故回車退避或酒炙迎送故廉賈肉袒爭尚泯矣物勢之反乃君子所謂道也龍蛇之蟄以存身尺蠖之屈以求伸蟲微義

物耳尚知鱉屈況於人乎是故君子知屈之可以爲伸故含辱而不辭韓信屈於胯下之辱知卑讓之可以勝敵故下之而不疑展喜犒齊師之謂也及其終極乃轉禍而爲福晉文避楚三舍而有城濮之勳屈讐而爲友相如下廉頗而爲刎頸之交使怨讐不延於後嗣而美名宣於無窮子孫荷其榮蔭竹帛紀其高義君子之道豈不裕乎若偏急好爭則身危當年何後來之能福且君子能受纖微之小嫌故無無變鬬之大訟大訟起於纖芥

敬君子慎其小小人不能忍小忿之故終有赫赫之敗辱小人以小惡為無傷而不去故罪大不可解惡積不可救怨在微而下之猶可以為謙德也怨在纖微則謙德可以除之變在萌而爭之則禍成而不救矣涓涓不息遂成江河水漏覆舟胡可救哉是故陳餘以張耳之變卒受離身之害思復須臾之忿忘終身之惡是以身滅而嗣絕也彭寵以朱浮之郄終有覆亡之禍恨督責之小故違終始之大計是以宗荑而族覆也禍福之機可不慎哉二女爭桑

吳楚之難作季邵鬪雞魯國之釁作可不畏歟可不畏歟是故君子之求勝也以推讓爲利銳推讓所往前無堅敵以自修爲棚櫓修己以敬物無害者靜則閉嘿泯之玄門動則由恭順之通路時可以靜則重閉而玄嘿時可以動則履正而後進是以戰勝而爭不形動靜待節故勝無與爭爭不以力故勝功見耳敵服而怨不搆干戈不用何怨搆之有若然者悔恡不存于聲色夫何顯爭之有哉色辭猶不動況力爭乎彼顯爭者必自以爲賢人而人以

爲險詖者〔以已爲賢專固自是已非人人得不爭乎〕實無險德則無可毀之義若信有險德又何可與訟乎險而與之訟是柙兕而攖虎其可乎怒而害人亦必矣易曰險而違者訟訟必有衆起〔言險而行遠必起衆而成訟矣〕老子曰夫惟不爭故天下莫能與之爭〔以謙讓爲務者所徃而無爭〕是故君子以爭途之不可由也〔由於爭途者必覆輪而致禍〕是以越俗乘高獨行於三等之上何謂三

等。大無功而自矜一等（空虛自矜故爲下等也）有功而伐之二等（自伐其能故爲中等）功大而不伐三等（推功於物故爲上等）愚而好勝一等（不自量度故爲下等）賢而尚人二等（自美其能故爲中等）賢而能讓三等（歸善於物故爲上等）緩已急人一等（性不恕人故爲下等）急已急人二等（褊戾峭刻故爲中等）急已寬人三等（謹身恕物故爲上等）

凡此數者皆道之奇物之變也（心不純一是爲奇變）三變而後得之故人莫能遠也（小人安其下等何由

能及哉夫唯知道通變者然後能處之處上等而不失者也是故孟之反以不伐獲聖人之譽不伐其功美譽自生管叔以辭賞受嘉重之賜不貪其賞嘉賜自致夫豈詭遇以求之哉乃純德自然之所合也豈故不伐辭賞詭情求名耶乃至直發於中自與理會也彼君子知自損之爲益故功一而美二自損而行咸名立小人不知自益之爲損故一伐而並失自伐而行毀名喪由此論之則不伐者伐之也不爭

者爭之也不伐而名章不爭而理得讓敵者勝之也下衆者上之也退讓而敵服謙尊而德光君子誠能覩爭途之名險獨乘高於玄路則光暉煥而日新德聲倫於古人矣避忿肆之險途獨逍遥於上等遠燕雀於啁啾疋鵾鳳於玄曠然後德輝耀於來今清光侔於往代

人物志卷下

右人物志三卷十二篇魏劉邵撰案隋唐經籍志篇第皆與今同列于名家十六國時燉煌劉昞重其書始作注解然世所傳本多譌誤今合官私書校之去其複重附益之文爲定本內或疑字無書可證者今據衆本皆相承傳疑難輙意攺云邵之敘五行曰簡暢而明砭火之德也徧檢書傳無明砭之證案字書砭者以石刺病此外更無他訓然自魏晉以後轉相傳寫豕亥之變莫能究知不爾則邵當別有異聞今則亡矣

愚謂明矣都無意義自東晉諸公草書啓
字爲然疑爲簡暢而明啓耳文寬夫題

劉邵字孔才廣平邯鄲人也據今官書魏志作勉劭之劭從力他本或從邑者晉邑之名案字書此二訓外無他釋然俱不協孔才之意説文則爲邵音同上但召旁從卩耳訓高也李舟切韻訓美也高美又與孔才義符楊子法言曰周公之才之邵是也今俗爲法言亦作邑旁邵蓋力卩文近易訛讀者又昧偏傍之別今定從邵云建安中爲計吏詣許太史上言正旦當日蝕邵時在尚書令荀彧所坐者數十人或云當廢朝或云宜卻會邵曰梓慎裨竈古之良史猶占水火錯失天時

禮記曰諸侯旅見天子及門不得終禮者四日蝕在一然則聖人垂訓不爲變豫廢朝禮者或災消異伏或推行謬誤也或善其言救朝會如舊日亦不蝕魏黃初中爲尚書郎散騎侍郎受詔集五更群書以類相從作皇覽後與議郎庾嶷荀詵等定科令作新律十八篇著律畧論遷散騎常侍嘗作趙都賦明帝美之詔卲作許都洛都

賦時外典軍旅内營宫室邵作三賦皆諷
諫焉景初中受詔爲都官考課邵作七十
二條及畧說一篇又以謂宜制禮作樂以
移風俗著洛論十四篇正始中執經講學
賜爵關内侯凡所撰述法論人物志之類
百餘篇卒追贈光禄勳詔書博求衆賢散
騎侍郎夏侯惠上疏盛稱邵才史臣陳壽
亦曰邵該覽學籍文質周洽云

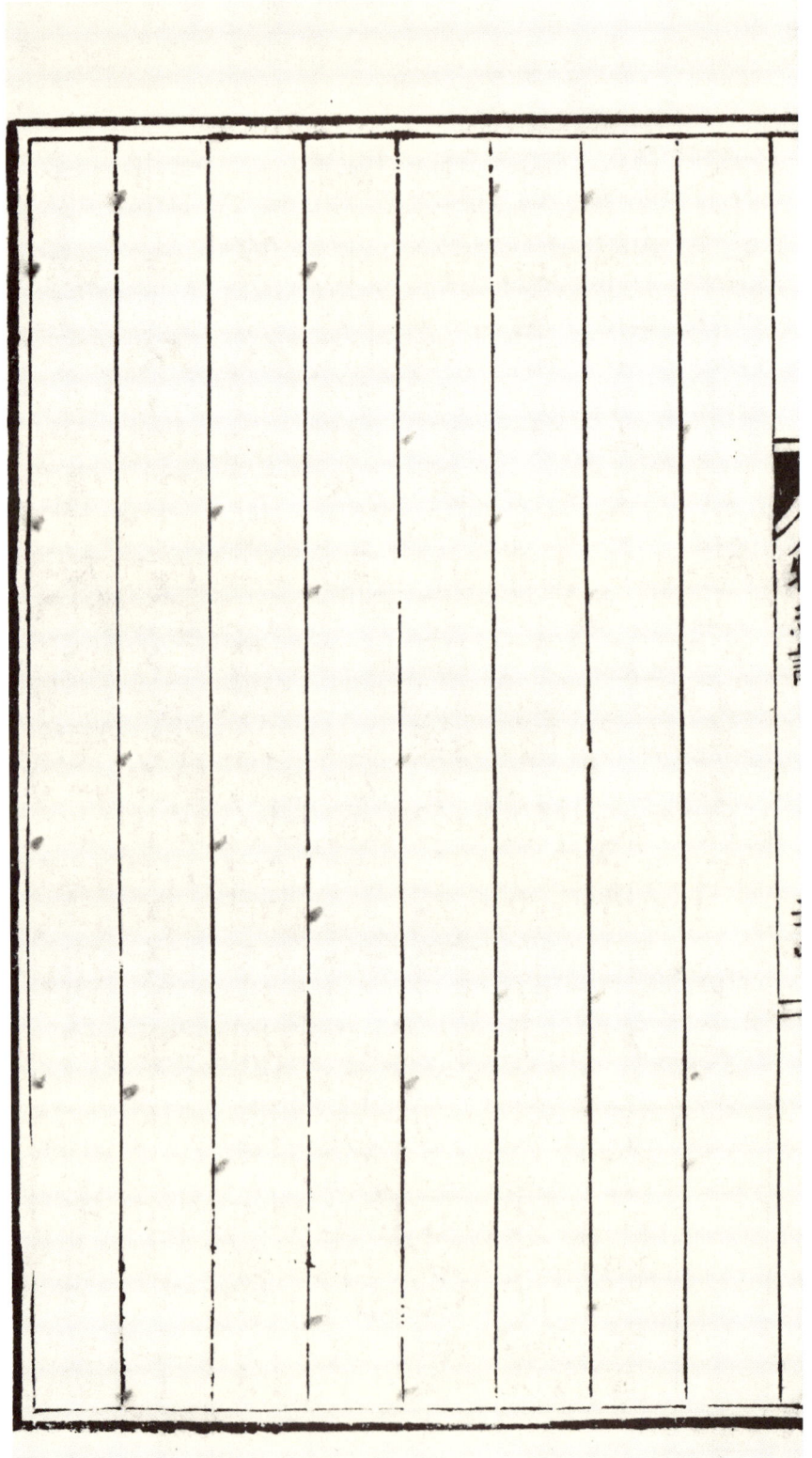

劉昞字延明燉煌人也年十四就博士郭瑀瑀弟子五百餘人通經業者八十餘人瑀有女始笄妙選良偶有心於昞遂别設一席謂弟子曰吾有一女欲覓快女婿誰坐此席者吾當婚焉昞遂奮坐神志湛然曰昞其人也瑀遂以女妻之昞後隱居酒泉不應州郡命弟子受業者五百餘人李暠據涼州徵爲儒林祭酒從事郎暠好尚

文典書吏穿落者親自補葺昞時侍側請
代其事暠曰躬自執者欲人重此典籍吾
與卿相遇何異孔明之會玄德遷撫夷護
軍雖有政務手不釋卷暠曰卿注記篇籍
以燭繼晝白日且然夜可休息昞曰朝聞
道夕死可矣不知老之將至孔聖稱言昞
何人斯敢不如此昞以三史文繁著畧記
百三十篇八十四卷燉煌實録二十卷方

言三卷靖恭堂銘一卷注周易韓子人物
志黄石公三畧行於世沮渠蒙遜平酒泉
拜秘書郎專管注記築陸沈觀於西苑躬
往禮焉號玄處先生學徒數百月致羊酒
牧犍尊爲國師親自致拜命官屬以下皆
北面爲業魏太武平凉州士庶東遷夙聞
其名拜樂平王從事中郎後思歸道病卒
以上並案邵晒本傳删取其要云廣平宋

庠記

序人物志後

余嘗三復人物志而竊有感焉夫人德性資之繼成初未始有異也而終之相去懸絶者醇駁較於材隆汚判諸習曰三品曰五儀胥是焉而賢不肖殊途矣是以知人之哲古人難之言貌而取人者聖人弗是也茲劉邵氏之有以志人物也乎修已者得之以自觀用人者持之以照物烏可廢

諸然用舍之際人材之趨向由之可弗慎乎精於擇而庸適其能篤於任而弗貳以私則真材獲用大猷允升矣其或偏聽眩志而用不以道動曰才難吾恐蕭艾弗擇魚目混珍也左馮翊王三省識

重刻人物志跋

劉邵人物志凡十二篇辨性質而準之中庸甄材品以程其職任事核詞章三代而下善評人品者莫或能踰之矣邵生漢末乃其著論體裁纚然有荀卿韓非風致而亹亹自成一家言即九徵八則之論質之孔孟觀人之法唐虞九德之旨自有發所未發者後世欲辨官論材惡可以不知也

顧其書獲見者少又脫落難讀大中丞真定梁公持節鉞撫鎮中州熊車所蒞吏稱民安爰覔善本加訂正刻之宋郡用以傳之人人授簡屬吏旻綴一言于末簡旻得卒業反復流業篇國體器能之說深有味乎其言之也今中丞公勵風俗正天下謀廟勝三材允兼至其振策群吏惟器所適靡不奮力展采

澆澆罔敢息遑總遠衆材至矣異日秉鈞
當軸將使官不易方而太平用成知人安
民之道拭目身覩見之邵之志何幸獲酬
於公哉刻成輙忘固陋僭書識刻之歲月
覽者當知言之非佞云
隆慶六年壬申仲夏之吉歸德府知府揭
陽鄭旻謹書

(三國魏)劉邵 撰 (北魏)劉昞 注

人物志三卷

明隆慶六年(1572)梁夢龍刊本

人物志序

阮逸撰

人性爲之原而情者性之流也性發於內情導於外而形色隨之故邪正態度變露莫狀溷而莫睹其真也惟至哲爲能以材觀情索性尋流照原而善惡之迹判矣聖人沒諸子之言性者各膠一見以倡惑於後是俾馳辨闕異者得肆其說蔓衍天下

故學者莫要其歸而天理幾乎熄矣予好閱古書於史部中得劉邵人物志十二篇極數萬言其述性品之上下材質之兼偏研幽摘微一貫於道若度之長短權之輕重無銖髮蔽也大抵考諸行事而約人於中庸之域誠一家之善志也由魏至宋歷數百載其用尚晦而鮮有知者吁可惜哉矧蟲篆淺技無益於教者猶刋鏤以行於

世是書也愽而暢辨而不肆非衆說之流也王者得之爲知人之龜鑑士君子得之爲治性脩身之檃栝其効不爲小矣予安得不序而傳之媲夫良金美玉籯櫝一啓而觀者必知其寶也

人物志 有序

魏散騎常侍劉　邵　撰

凉儒林祭酒劉　昞　注

夫聖賢之所美莫美乎聰明天以三光著其象人以聰明邵其度聰明之所貴莫貴乎知人聰於書計者六藝之一術明於人物者官材之總司知人誠智則衆材得其序而庶績之業興矣是以聖人著爻象則立君子小人之辭君子者小人之師小人者君子之資師資相成其來

（尚矣）叙詩志則別風俗雅正之業（九土殊風五方異俗是以聖人立其教不易其方制其政不改其俗）制禮樂則考六藝祗庸之德（雖不易其方常以詩禮為首雖不改其俗常以孝友為本）躬南面則援俊逸輔相之材皆所以達衆善而成天功也（繼天成物其任至重故求賢舉善常若不及）天功既成則並受名譽（忠臣竭力而効能明君得賢而高枕上下忠愛謗毀何從生哉）是以尭以克明俊德為稱舜以登庸二八為功湯以拔有莘之賢為名文王

以舉渭濱之叟爲貴由此論之聖人興德孰不勞聰明於求人獲安逸於任使者哉釆士飯牛秦穆所以霸西戎一則仲父齊桓所以成九合是故仲尼不試無所援升猶序門人以爲四科泛論衆材以辨三等舉德行爲四科之首叙生知爲三等之上明德行者道義之門質志氣者材智之根也又歎中庸以殊聖人之德中庸之德其至矣乎人鮮久矣唯聖人能之也尚德以勸庶幾之論顏氏之子其殆庶幾乎三月不違仁乃窺德行之門若非志士仁人希邁之性

日月至焉者豈能終之訓六蔽以戒偏材之失仁者愛物

蔽在無斷信者露誠蔽在無隱此偏材之常失也思狂狷以通拘

抗之材或進趨於道義或潔己而無爲在上者兩順其所能則拘抗並用

疾悾悾而無信以明爲似之難保厚貌深情聖人

難之聽其言而觀其所爲則似託不得逃矣又曰察其所安觀

其所由以知居止之行言必契始以要終行必覩初以求卒

則中外之情粗可觀矣人物之察也如此其詳不詳察則

官材失其序而庶政之業荒矣是以敢依聖訓志序人物

庶以補綴遺忘惟博識君子裁覽其義焉

人物志目録

上卷

中卷

下卷

人物志卷上

魏　散騎常侍劉　邵　撰
凉　儒林祭酒劉　昞　注

九徵第一

人物情性志氣不同徵神見貌形驗有九

蓋人物之本出乎情性性質稟之自然情變由於染習是以觀人察物當尋其性質也情性之理甚微而玄非聖人

之察其孰能究之哉（知無形狀故常人不能覩惟聖人目擊而照之）凡有血氣者莫不含元一以爲質（質不至則不能涉寒暑歷四時）禀陰陽以立性（性資於陰陽故剛柔之意别矣）體五行而著形（骨勁筋柔皆禀精於金木）苟有形質猶可即而求之（由氣色外著故相者得其情素也）凡人之質量中和最貴矣（質白受采味甘受和中和者百行之根本人情之良田也）中和之質必平淡無味（惟淡也故五味得和焉若苦則不能甘矣若酸也則不能醎矣）故能調成五材變化應節

平淡無偏群材必御致用有宜通變無滯是故觀人察質必先
察其平淡而後求其聰明譬之驥騄雖超逸絶羣若氣性
不和必有毀衡碎首決胷之禍也聰明者陰陽之精離目坎耳
視聽之所由也陰陽清和則中叡外明聖人淳耀
能兼二美知微知章耳目兼察通幽達微官材授方舉無遺失
自非聖人莫能兩遂雖得之於目或失之於耳故明白
之士達動之機而暗於玄慮達於進趨而暗於止靜以
之進趨則欲速而成疾以之深慮則抗奪而不入也玄慮之人識靜

之原而困於速捷性安沉默而智乏應機以之閑靜則玄微之道構以之濟世則勁捷而無成猶火日外照不能內見金水內暎不能外光人各有能物各有性是以聖人任明白以進趨委守戚於玄慮然後動止得節出處應宜矣二者之義蓋陰陽之別也陽動陰靜乃天地之定性况人物乎若量其材質稽諸五物五物之徵亦各著於厥體矣筋勇色青血勇色赤中動外形豈可匿也其在體也木骨金筋火氣土肌水血五物之象也五性者成形之具五物爲母故氣色

從之而具五物之實各有所濟五性不同各有所稟稟性多少則偏性生也是故骨植而柔者謂之弘毅弘毅也者仁之質也木則垂蔭爲仁之質質不弘毅不能成仁氣清而朗者謂之文理文理也者禮之本也火則照察爲禮之本本無文理不能成禮體端而實者謂之貞固貞固也者信之基也土必吐生爲信之基也基不貞固不能成信筋勁而精者謂之勇敢勇敢也者義之決也金能斷割爲義之決決不勇敢不能成義色平而暢者謂

文

之通微通微也者智之原也水流疏達爲智之原原不通微不能成智五質恒性故謂之五常矣五物天地之常氣五德人物之常行五常之別列爲五德是故溫直而擾毅木之德也溫而不直則懦擾而不毅則剉剛塞而弘毅金之德也剛而不塞則決弘而不毅則缺愿恭而理敬水之德也愿而不恭則悖理而不敬則亂寬栗而柔立土之德也寬而不栗則慢柔而不立則散簡暢而明砭火之德也簡而不暢則滯明而不砭則翳雖體變無窮猶依

乎五質（人情萬化不可勝極尋常竟源常在於五）故其剛柔明暢貞固之徵著乎形容見乎聲色發乎情味各如其象（自然之理神動形色誠發於中德輝外耀）故心質亮直其儀勁固心質休決其儀進猛心質平理其儀安閑夫儀動成容各有態度直容之動矯矯行行休容之動業業蹌蹌德容之動顒顒卬卬夫容之動作發乎心氣（心氣於內容見於外）心氣之徵則聲變是也（心不繫一聲和

乃變夫氣合成聲聲應律呂清而亮者律和而平者呂有和平之聲有清暢之聲有間行之聲心氣不同故聲發亦異也夫聲暢於氣則實存貌色非氣無以成聲聲成則貌應故誠仁必有溫柔之色誠勇必有矜奮之色誠智必有明達之色聲既殊音故色亦異狀夫色見於貌所謂徵神貌色徐疾爲神之徵驗徵神見貌則情發於目目爲心候故應心而發故仁目之精慤然以端心不傾倚則視不回邪勇膽之精曄

然以彊志不怯懦則視不衰悴然皆偏至之材以勝
體爲質者也未能不厲而威不怒而嚴故勝質不精則
其事不遂能勇而不能怯動必悔吝隨之是故直而不柔
則木木彊激訐失其正直勁而不精則力負鼎絶臏失其正勁
固而不端則愚專已自是陷於愚戇氣而不清則越
辭不清順發越無成暢而不平則蕩好智無涯蕩然失絶是故
中庸之質異於此類勇而能怯仁而能決其體兩兼故爲衆材
之主五常既備包以澹味既體鹹酸之量而以無味爲御五

質內充五精外章五質澹凝渟耀外麗是以目彩五暉之光也心清目朗粲然自耀故曰物生有形形有神精不問賢愚皆受氣質之稟性陰陽但智有精粗形有淺深耳尋其精色視其儀象下至皁隸牧圉皆可想而得之也能知精神則窮理盡性聖人有以見天下之動而擬諸形容故能窮理盡性以至於命性之所盡九質之徵也陰陽相生數不過九故性情之變質亦同之然則平陂之質在於神神者質之主也故神平則質平神陂則質陂明暗之實在於精精者實之本故精惠則實明精濁則實暗

勇怯之勢在於筋筋者勢之用故筋勁則勢勇筋弱則勢怯強
弱之植在於骨骨者植之基故骨剛則植強骨柔則植弱躁靜
之決在於氣氣者決之地也氣盛決於躁氣沖決於靜矣慘懌
之情在於色色者情之候也故色悴由情慘色悅由情懌衰正
之形在於儀儀者形之表也故儀衰由形殆儀正由形肅態度
之動在於容容者動之符也故衰動則容態正動則容度緩急
之狀在於言言者心之狀也故心恕則言緩心褊則言急其爲
人也質素平澹中叡外朗筋勁植固聲清

色懌儀正容直則九徵皆至則純粹之德也非至德大人其孰能與於此九徵有違違爲乖戾也則偏雜之材也或聲清色懌而質不平淡或筋勁植固而儀不崇直三度不同其德異稱偏材荷一至之名兼材居德儀之目兼德體中庸之度故偏至之材以材自名猶百工衆伎各有其名也兼材之人以德爲目仁義禮智得其一目兼德之人更爲美號道不可以一體說德不可以一方待育物而不爲仁齊衆形而不爲德凝然平淡與物無際誰知其名也是故兼德而至謂之中

庸居中履常故謂之中庸中庸也者聖人之目也大仁不可親大義不可報無德而稱寄名於聖人也具體而微謂之德行德行也者大雅之稱也施仁以親物立義以利仁失道而成德抑亦其次也一至謂之偏材偏材小雅之質也徒仁而無義徒義而無仁未能兼濟各守一行是以名不及大雅也一徵謂之依似依似亂德之類也純訐似直而非直純宕似通而非通一至一違謂之間雜間雜無恒之人也善惡叅渾心無定是無恒之操胡可擬議無恒依似皆風人

末流其心孔艱者乃有教化之所不受也末流之質不可勝論是以畧而不槩也蕃徒成羣豈可數哉

體別第二

禀氣陰陽性有剛柔拘抗文質體越各別

夫中庸之德其質無名泯然不繫一貌人無得而稱焉故鹹而不鹻謂之鹹耶無鹻可容謂之淡耶公成百鹵也與鹹同淡而不醴謂之淡耶味復不醴質而不縵謂之質耶理不縵素文而不繢謂之文耶采不盡繢能威能懷能辨能訥居鹹淡之和處質文之際是以望之儼然即之而文言滿天下無辭費變化無方以達

爲節應變適化期於通物是以抗者過之厲然抗奮於進趨之塗而拘者不逮屯然無爲於拘抗之外夫拘抗違中故善有所章而理有所失養形至甚則虎食其外高門懸薄則病攻其內是故厲直剛毅材在矯正失在激訐訐刺生於剛厲柔順安恕每在寬容失在少決多疑生於恕懦雄悍傑健任在膽烈失在多忌慢法生於桀悍精良畏愼善在恭謹失在多疑疑難生於畏愼彊楷堅勁用在楨幹失在專固專己生於堅勁

論辨理繹能在釋結失在流宕傲宕生於機辨普愽周給弘在覆裕失在溷濁溷濁生於周普清介廉潔節在儉固失在拘扃拘扃生於廉潔休動磊落業在攀躋失在疏越疏越生於磊落沉靜機密精在玄微失在遲緩遲緩生於沉靜樸露徑盡質在中誠失在不微漏露生於徑盡多智韜情權在譎略失在依違隱違生於韜情及其進德之日不止揆中庸以戒其材之拘抗抗者自是以奮厲拘者自

是以守窮而指人之所短以益其失拘者愈拘抗者愈抗或負石沉軀或抱木燋死猶晉楚帶劒遞相詭反也自晉視楚則笑其在左自楚視晉則笑其在右左右雖殊各以其用而不達理者橫相誹謗拘抗相反皆不異此是故彊毅之人狠剛不和不戒其彊之搪突而以順為撓厲其抗以柔順為撓弱抗其搪突之心是故可以立法難與入微狠彊剛戾何機微之能入柔順之人緩心寬斷不戒其事之不攝而以抗為劌安其舒以猛抗為劌傷安其恕恐之心

是故可與循常，難與權疑（緩心寡斷，何疑事之能權）。雄悍之人，氣奮勇決，不戒其勇之毀跌，而以順為恇，竭其勢（以順恐為恇怯，而竭其毀跌之勢）。是故可與涉難，難與居約（奮悍毀跌，何約之能居）。懼慎之人，畏患多忌，不戒其慄於為義，而以勇為狎，增其疑（以勇懟為輕侮，而增其疑畏之心）。是故可與保全，難與立節（畏患多忌，何節義之能立）。凌楷之人，秉意勁特，不戒其情之固護，而以辨為僞，彊其專以辯博爲浮虛而彊其專一之心是故可以持正難與附衆執意堅持何人衆之能附辨博之人論理贍給不戒其辭之氾濫而以楷爲繫遂其流以楷正爲繫礙而遂其流宕之心是故可與氾序難與立約辨博氾濫何貿約之能立弘普之人意愛周洽不戒其交之溷雜而以介爲狷廣其濁以拘介爲狷戾而廣其溷雜之心是故可以撫衆難與厲俗周洽溷雜何風俗之能厲狷介之人砭甫廉反清激濁不戒其道之隘狹

而以普爲纖益其拘（以弘普爲纖雜而益其拘局之心）是故可與守節難以變通（道狹津隘何通塗之能涉）休動之人志慕超越不戒其意之大猥而以靜爲滯果其銳（以沉靜爲滯屈而增果銳之心）是故可以進趨難與持後（志在超越何謙後之能持）沉靜之人道思迴復不戒其靜之遲後而以動爲疏美其愞（以躁動爲麤疏而美其愞弱之心）是故可與深慮難與捷速（思慮迴復何機速之能及）樸露之人中疑實䛐不戒

其實之野直而以譎為誕露其誠以權譎為浮誕
而露其誠信之心是故可與立信難與消息實硌野直
何輕重之能量韜譎之人原度取容不戒其術之
離正而以盡為愚貴其虛以歛盡為愚直而貴其浮虛之
心是故可與讚善難與矯違韜譎離正何違邪之能矯
夫學所以成材也彊毅靜其抗柔順厲其愞恕所以推
情也推己之情通物之性偏材之性不可移轉矣固守
性分闓義不徙雖教之以學材成而隨之以失剛教

之性已成激許之心彌篤雖訓之以恕推情各從其心
意之所非不肯是之於人信者逆信推己之信謂人皆信而詐者得容爲
僞也詐者逆詐推己之詐謂人皆詐則信者或受其疑也故學不
入道恕不周物偏材之人各是己能何道之能入何物能周也此
偏材之益失也材不能兼教之愈失是以学物者用人之仁去其貪
用人之智去其詐然後羣材畢御而道周萬物也矣

流業第三三材爲源習者爲流流漸失源其業各異

蓋人流之業十有二焉性既不同染習又異枝流條別各有

志業有清節家行爲物範有法家立憲垂制有術家智慮無方有國體三材純備有器能三材而微有臧否分別是非有伎倆錯意工巧有智意能錬衆疑有文章屬辭比事有儒學道藝深明有口辨應對給捷有雄傑膽畧過人若夫德行高妙容止可法是謂清節之家延陵晏嬰是也建法立制彊國富人是謂法家管仲商鞅是也思通道化策謀奇妙是謂術家范蠡張良是也兼有三材三材皆備

（德與法術皆純備也）其德足以厲風俗其法足以正天下其術足以謀廟勝是謂國體伊尹呂望是也兼有三材三材皆微（不純備也）其德足以率一國其法足以正鄉邑其術足以權事宜是謂器能子產西門豹是也兼有三材之別各有一流（三材爲源則習者爲流也）清節之流不能弘恕（以清爲理何能寬恕）好尚譏訶分別是非（已不寬恕則是非生）是謂臧否子夏之徒是也法家

之流不能創思遠圖（法制於近思不及遠）而能受一官之任錯意施巧（務在功成故巧意生）是謂伎倆張敞趙廣漢是也術家之流不能創制垂則（以術求功故不垂則）而能遭變用權權智有餘公正不足（長於權者必短於正）是謂智意陳平韓安國是也凡此八業皆以三材爲本（非德無以正法非法無以興術是以八業之建常以三材爲本）故雖波流分別皆爲輕事之材也（耳目殊管其用同功羣材雖異成務一致）能屬文著

述是謂文章司馬遷班固是也能傳聖人之業而不能幹事施政是謂儒學毛公貫公是也辯不入道而應對資給是謂口辯樂毅曹丘生是也膽力絕衆材畧過人是謂驍雄白起韓信是也凡此十二材皆人臣之任也各抗其材不能兼備保守一官故爲人臣之任也主德不預焉主德者聰明平淡總達衆材而不以事自任者也目不求視耳不參聽各司其官則衆材達衆材既達

（則人主垂拱無爲而理）是故主道立則十二材各得其任也（上無爲則下當任也）清節之德師氏之任也（掌以道德教道冑子）法家之材司寇之任也（掌以刑法禁制姦暴）術家之材三孤之任也（掌以廟謨佐公論正）三材純備三公之任也（位於三槐坐而論道）三材而微冢宰之任也（天官之卿總御百官）臧否之材師氏之佐也（分別是非以佐師氏）智意之材冢宰之佐也（師事制宜以佐天官）伎倆之材司空之任也（錯意施巧故掌冬官）儒

學之材安民之任也掌以德教保安其人文章之材國史之任也憲章紀述垂之後代辯給之材行人之任也掌之應荅送迎道路驍雄之材將帥之任也掌轄師旅討平不順是謂主道得而臣道序官不易方而太平用成太平之所以成由官人之不易方若使足操物手求行四體何由寧理道何由平若道不平淡與一材同用好則一材處權而衆材失任矣譬大匠善規惟規之用惟規之用則矩不得立其方繩不得經其直雖目運規矩無由成矣

材理第四 材既殊塗理亦異趣故講羣材至理乃定

夫建事立義莫不須理而定言前定則不惑事前定則不躓及其論難鮮能定之夫何故哉蓋理多品而人異也事有萬端人情舛駁誰能定之夫理多品則難通人材異則情詭情詭難通則理失而事違也情詭理多何由而得夫理有四部道義事情各有部也明有四家明通四部各有其家情有九偏以情犯明得失有九流有七似似是而非其流有七說有三失辭勝理滯所失者三

難有六精疆良競氣忿精有六通有八能聰思明達能通者八

若夫天地氣化盈虛損益道之理也以道化人

與時消息法制正事事之理也以法理人務在憲制禮教

宜適義之理也以理教之進止得宜人情樞機情之

理也觀物之情在於言語四理不同其於才也須明

而章明待質而行是故質於理合合而有

明明足見理理足成家道義與事情各有家是故質

性平淡思心玄微容不躁擾其心詳審能通自然道

理之家也以道為理故能通自然也質性警徹權略機捷容不遲鈍則其心機速能理煩速事理之家也以事為理故審於理煩也質性和平能論禮教容不失適則禮教得中辯其得失義禮之家也以義為禮故明於得失也質性機解推情原意容不妄動則原物得意能適其變情理之家也以情為理故能極物之變四家之明既異而有九偏之情以性犯明各有得失明出於真情動於性情勝明則蔽故雖得而必喪也剛略之人不能理微

用意麄粗意不玄微故其論大體則弘博而高遠性剛則志遠歷纖理則宕往而踈越志遠故踈越抗厲之人不能迴撓用意猛奮志不旋屈論法直則括處而公正性厲則理毅說變通則否戾而不入理毅則滯礙堅勁之人好攻其事實用意端確言不虛徐指機理則穎灼而徹盡性確則言盡涉大道則徑露而單持言切則義少辯給之人辭煩而意銳用意疾急志不在退挫推人事則精識而窮理性銳則窮

理即大義則恢愕而不周理細故遺大浮沉之人不能沉思用意虛廓志不淵密序疏數則豁達而傲博性浮則志微立事要則爁炎而不定志傲則理疏淺解之人不能深難用意淺脫思不深熟聽辯說則擬鍔而愉悅性淺則易悅審精理則掉轉而無根易悅故無根寬恕之人不能速捷用意徐緩思不速疾論仁義則弘詳而長雅性恕則理雅趨時務則遲緩而不及徐雅故遲緩溫柔之人力不休

彊用意溫潤志不羨悅味道理則順適而和暢性和則理順擬疑難則濡愞而不盡理順故依違好奇之人橫逸而求異用意奇特志不同物造權譎則倜儻而瓌壯性奇則尚麗案清道則詭常而恢迂奇逸故恢詭此所謂性有九偏各從其心之所可以爲理心之所可以爲理是非相蔽終無休已若乃性不精暢則流有七似有漫談陳說似有流行者浮漫流雅似若可行有理少多端似若博意者辭繁喻博似若

弘廣有迴說合意似若讚解者外佯稱善內實不知有處後持長從衆所安似能聽斷者實自無知如不言觀察衆談讚其所安有避難不應似若有餘而實不知者實不能知忘佯不應似有所知而不荅者有慕通口解似悅而不懌者聞言即說有似於解者心中漫漫不能懌有因勝情失窮而稱妙辭已窮矣自以爲妙而未盡跌則掎蹠理已跌矣而彊牽據實求兩解似理不可屈者辭窮理屈心樂兩解而言猶不止聽者謂之未屈凡此七似衆人

之所惑也非明鏡焉能監之夫辯有理勝理至不可動有辭勝辭巧不可屈理勝者正白黑以廣論釋微妙而通之說事分明有如粉黛朗然區別辭不潰雜辭勝者破正理以求異求異則正失矣以白馬非白馬一朝而服千人及其至關禁錮直而後過也夫九偏之材有同有反有雜同則相解譬水流於水反則相非猶火滅於水雜則相恢亦不必同又不必異所以恢達故善接論者度所長而論之因其所能則其言易曉歷之不動則

不說也（意在約馬彼俟他日）傷無聽達則不難也（凡相難講爲達者聽）不善接論者說之以雜反（彼意在狗而說以馬彼意太同而說以小異）說之以雜反則不入矣（方入圓理終不可）善喻者以一言明數事（辭附於理則言寡而事明）不善喻者百言不明一意（辭遠乎理雖汎濫多言已不自明況他人乎）百言不明一意則不聽也（自意不明誰聽之）是說之三失也善難者務釋事本（每得理而止在）不善難者舍本而理末（逐其言而接之）舍本

而理末則辭構矣（不尋其本理而以煩辭相文）善攻彊者下其盛鋭（對家彊梁始氣必盛故善攻彊者避其初鼓也）扶其本指以漸攻之（三鼓氣勝衰則攻易）不善攻彊者引其誤辭以挫其鋭意（彊者意鋭辭或暫誤擊誤挫鋭理之難也）挫其鋭意則氣構矣（非徒羣言交錯遂至動其聲色）善躡失者指其所跌（彼有跌失暫指不過）不善躡失者因屈而抵其性（陵其屈跌而抵挫之）因屈而抵其性則怨構矣（非徒聲色而已怨恨逆結於心）或常所思求久乃

得之倉卒諭人人不速知則以爲難諭卽久思而不恕人以爲難諭則忿構矣非徒然恨遂生忿爭夫盛難之時其誤難迫氣盛辭誤且當避之故善難者徵之使還氣折意還自相應接不善難者凌而激之雖欲顧藉其勢無由棄誤顧藉不聽其言其勢無由則妄構矣妄言非訾縱橫恣口凡人心有所思則耳且不能聽思心一至不聞雷霆是故並思俱說競相制止欲人之聽已止他人之言欲使聽已人亦以其

方思之故不了己意則以爲不解非不解也當已
出言由彼方思故人不解人情莫不諱不解謂其不解則性諱怒
諱不解則怒搆矣不顧道理是非於其兇怒忿肆凡此六
搆變之所由興也然雖有變搆猶有所得
造事立義當須理定故雖有變說小故終於理定功立若說而不難
各陳所見則莫知所由矣人人競說若不難質則不知何
者可用也由此論之談而定理者眇矣理多端人情異
拔發言盈庭莫肯執其咎必也聰能聽序登高能賦求物能名如顏

回聽哭蒼寄量象思能造端子展謀侵晉乃得諸侯之盟明能見機史駢覩目動即知秦師退辭能辯意伊籍答吳王一拜一起未足爲勞捷能攝失郭淮荅魏帝曰自知必免防風之誅守能待攻墨子謂楚人吾弟子已學之於宋攻能奪守毛遂進曰今日從爲楚不爲趙也楚王從而謝之奪能易予以子之矛易子之盾則物主辭窮兼此八者然後乃能通於天下之理通於天下之理則能通人矣不能兼有八美適有一能所謂偏材之人則所達者偏而所有異

目矣（各以所通而立其名）是故聰能聽序謂之名物之材思能造端謂之構架之材明能見機謂之達識之材辭能辯意謂之贍給之材捷能攝失謂之權捷之材守能待攻謂之持論之材攻能奪守謂之推徹之材奪能易予謂之貿說之材通材之人既兼此八材行之以道與通人言則同解而心喻（同則相是是以心相喻）與衆人言則察色而順性（下有盛色）

（避其所短）雖明包衆理，不以尚人（恒懷謙下，故處物上）。聰
叡資給，不以先人（常懷退後，故在物上）。善言出己理
足則止（通理則止，不務煩辭）。鄙誤在人，過而不迫（見人
（過跌輒當歷避）。寫人之所懷，扶人之所能（扶贊人之所能）。
（則人人自任矣）。不以事類犯人之所婟（胡故反與言人言不
（諱恥踖之類）。不以言例及己之所長（己有武力，不與虓虎
（之倫）。說直說變，無所畏惡（通材平釋，信而後諫，雖觸龍鱗，物無
（害者）。采蟲聲之善音（不以聲醜棄其善曲）。贊愚人之偶

得不以人愚廢其嘉言奪與有宜去就不畱方其盛氣折謝不恡不避銳跌不惜屈撓方其勝難勝而不矜理自勝耳何所矜也心平志諭無適無莫付是非於道理不貪勝以求名期於得道而已矣是可與論經世而理物也曠然無懷委之至當是以世務自經萬物自理

人物志卷上

人物志卷中

魏　散騎常侍劉　邵　撰

凉　儒林祭酒劉　昞　注

材能第五

材能大小其準不同量力而授所任乃濟

或曰人材有能大而不能小猶函牛之鼎

不可以烹雞愚以爲此非名也（夫人材猶器大小異或者以大鼎不能烹雞喻大材不能治小失其名也）夫能之爲言已定之稱（先有定質而後能名生焉）豈有能大而不能小乎凡所謂能大而不能小其語出於性有寬急（寬者弘裕急者急切）性有寬急故宜有大小（寬弘宜治大急切宜治小）寬弘之人宜爲郡國使下得施其功而總成其事（急切則煩碎事不成）急小之人宜理百里使事辦於已（弘裕則網漏庶事荒矣）然則郡

之與縣異體之大小者也明能治大郡則能治小郡能治大縣亦能治小縣以實理寬急論辨之則當言大小異宜不當言能大不能小也若能大而不能小仲尼豈不爲季氏臣若夫雞之與牛亦異體之小大也鼎能烹牛亦能烹雞銚能烹雞亦能烹犢故鼎亦宜有大小若以烹犢則豈不能烹雞乎但有宜與不宜豈有能與不能故能治大郡則亦能治小郡矣推此論之人材各有所宜非獨大小之謂也文者理百

官武者治軍旅夫人材不同能各有異有自任之能脩已潔身總御百官有立法使人從之之能法懸人懼無敢犯也有消息辨護之能智意辨護周旋得節有德教師人之能道術深明動為物教有行事使人譴讓之能云為得理義和於時有司察糾摘之能督察是非無不區別有權奇之能務以奇計成事立功有威猛之能猛教昭著振威敵國夫能出於材材不同量材能既殊任政亦異是故自任之能清節之材也故在

朝也則冢宰之任爲國則矯直之政其身正故掌天官而總百揆立法之能治家之材也故在朝也則司寇之任爲國則公正之政法無私故掌秋官而詰姦慝計策之能術家之材也故在朝也則三孤之任爲國則變化之政計慮明故輔三槐而助論道人事之能智意之材也故在朝也則冢宰之佐爲國則諧合之政智意審故佐天官而諧內外行事之能譴讓之材也故在朝也則司

冦之任爲國則督責之政辨衆事故佐秋官而督儆慢權奇之能伎倆之材也故在朝也則司空之任爲國則藝事之政伎能巧故任冬官而成藝事司察之能臧否之材也故在朝也則師氏之佐爲國則刻削之政是非章故佐師氏而察善否威猛之能豪傑之材也故在朝也則將師之任爲國則嚴厲之政體果毅故總六師而振威武凡偏材之人皆一味之美譬飴以甘爲名酒以苦爲實故長於

辨一官巧工採材而有餘力而短於爲一國兼掌陶冶器不成矣何者夫一官之任以一味協五味鹽人調鹽醯人調醯則五味不成矣譬梓里治材土官治墻則廈屋成一國之政以無味和五味水以無味故五味得其和猶君體乎淡則百官施其用又國有俗化民有劇易五方不同風俗各異土有剛柔民有劇易而人材不同故政有得失以簡治易則得治煩則失是以王化之政宜於統大易簡而天下之理得矣以之治小則迂網疎而吞舟之姦漏辨護之政宜於

治煩（事皆辨護，煩亂乃理）以之治易則無易（甚於督促，民不
便也）策術之政宜於治難（權畧無方，解釋患難）以之治
平則無奇（術數煩衆，民不安矣）矯抗之政宜於治修
（矯枉過正，以厲修靡）以之治弊則殘（俗弊治嚴，則民殘矣）諧和
之政宜於治新（國新禮殺，苟合而已）以之治舊則虛
（苟合之教，非禮實也）公刻之政宜於糾姦（刻削不深，姦亂不止）
以之治邊則失衆（衆民憚法，易避叛矣）威猛之政宜
於討亂（亂民桀逆，非威不服）以之治善則暴（政猛民殘，濫良）

善矣伎倆之政宜於治富以國彊以使民以之治
貧則勞而下困易貨改鑄民失業矣故量能授官不
可不審也凡此之能皆偏材之人也故或
能言而不能行或能行而不能言智勝則能言材
勝則能行至於國體之人能言能行故為衆材
之雋也人君之能異於此平淡無為以任衆能故臣
以自任為能竭力致功以取爵位君以用人為能任賢
使能國家自理臣以能言為能各言其能而受其官君以能

聽爲能聽言觀行而授其官臣以能行爲能必行其所言君以能賞罰爲能必當其功過也所能不同君無爲而臣有事故能君衆材也若君以有爲代大匠斵則衆能失巧功不成矣

利害第六建法陳術以利國家又其弊也害歸於已

蓋人業之流各有利害流漸失源故利害生夫節清之業著于儀容發於德行心清意正則德容外著未用而章其道順而有化德輝昭著故不試而效效理於人故

物無不化故其未達也爲衆人之所進理順則衆人樂
進之既達也爲上下之所敬德和理順誰能慢之其功
足以激濁揚清師範僚友其爲業也無弊
而常顯非徒不弊存而有顯故爲世之所貴德信有常人不
能賊法家之業本于制度待乎成功而效法以
禁姦姦止乃效其道前苦而後治嚴而爲衆初布威嚴
是以勞苦終以道化是以民治故其未達也爲衆人之所
忌姦黨樂亂忌法者衆已試也爲上下之所憚憲防肅然

內外振悚其功足以立法成治民不爲非治道乃成其弊
也爲群枉之所讐法行寵貴終受其害其爲業也有
敝而不常用明君乃能用之靈明不繼世故法不常用故功大
而不終是以商君車裂吳起支解術家之業出於聰思
待於謀得而章斷於未行人無信者功成事效而後乃彰也其
道先微而後著精而且玄計謀微妙其始至精終始合符
是以道著其未達也爲衆人之所不識謀在功前衆何
由識其用也爲明主之所珎暗主昧然豈能貴之其功

足以運籌通變變以求通故能成其功其退也藏於隱微計出微密是以不露其爲業也奇而希用主計神奇用之者希也故或沉微而不章世希能用道何由章智意之業本于原度其道順而不忤將順時宜何忤之有故其未達也爲衆人之所容矣庶事不逆善者來親已達也爲寵愛之所嘉與衆同和內外美之其功足以讚明計慮媚順於時言計是信也其敝也知進而不退不見忌害是以慕進也或離正以自全用心多媚故遠

於正其爲業也謂而難持韜情謂智非雅正之倫也故或
先利而後害知進忘退取悔之道臧否之業本乎是
非其道廉而且砭清而混雜砭去纖芥故其未達也
爲衆人之所識清潔不汙在幽而明已達也爲衆人
之所稱業常明白出則受譽其功足以變察是非理清
道潔是非不亂其敝也爲詆訶之所怨詆訶之徒不樂聞過
其爲業也峭而不裕峭察於物何能寬裕故或先得
而後離衆清亮爲時所稱理峭爲衆所憚伎倆之業本于

事能其道辨而且速（伎計如神足以速辨）其未達也爲衆人之所異（伎能出衆故雖微而顯）已達也爲官司之所任（遂事成功政之所務）其功足以理煩糾邪（釋煩理邪亦須伎倆）其敝也民勞而下困（上不端而下困）其爲業也細而不泰故爲治之末也（道不平弘其能太乎）

接識第七（推己接物俱識同體兼能之士乃達羣材）

夫人初甚難知（貌厚情深難得知也）而士無衆寡皆

自以爲知人故以己觀人則以爲可知也

已尚清節則凡清節者皆已之所知觀人之察人則以爲不

識也夫何哉由己之所尚在於清節人之所好在於利欲曲直不同於

他便謂人不識物也是故能識同體之善性長思謀則善策略

之士而或失異量之美遵法者雖美乃思謀之所不取何以

論其然夫清節之人以正直爲度故其歷

衆材也能識性行之常度在正直故慌有恒之人而或

疑法術之詭謂守正足以致治何以法術爲也法制之人

以分數爲度故能識較方直之量 度在法分故恍方直之人 而不貴變化之術 謂法分足以濟業何以術謀爲也

術謀之人以思謨爲度故能成策畧之奇 度在思謀故貴策畧之人 而不識遵法之良 謂思謨足以化民何以法制爲也

器能之人以辨護爲度故能識方畧之規 度在辨護故恍方計之人 而不知制度之原 謂方計足以立功何以制度爲也

智意之人以原意爲度故能識韜諝之權 度在原意故恍韜諝之人 而不貴法教

之常謂原意足以爲正何以法理爲也伎倆之人以邀功爲度故能識進趣之功度在邀功故悅功能之人而不通道德之化謂伎能足以成事何以道德爲也臧否之人以伺察爲度故能識訶砭之明度在何察故悅譴訶之人而不暢倜儻之異謂譴訶乃成教何以寬弘爲也言語之人以辯析爲度故能識捷給之惠度在剖析故悅敏給之人而不知含章之美謂辯論事乃理何以含章爲也是以互相非駁莫肯相是人皆自以爲是誰肯道人之是

取同體也則接論而相得性能苟同則雖胡越接響而情通

取異體也雖歷久而不知性能苟異則雖比肩歷年而逾踈矣

凡此之類皆謂一流之材也故同體則親異體則踈

若二至已上亦隨其所兼以及異數法家兼術故能以術輔法

故一流之人能識一流之善以法治者所以舉不過法

二流之人能識二流之美體法術者法術兼行

盡有諸流則亦能兼達衆材體通八流則八材當位物無不理

故兼材之人與國體同謂八材之

人始進陳言家宰之官察其所以欲觀其一隅則終朝足
以識之將究其詳則三日而後足何謂三
日而後足夫國體之人兼有三材故談不
三日不足以盡之一以論道德二以論法
制三以論策術然後乃能竭其所長而舉
之不疑在上者兼明八材然後乃能盡其所進用而無疑矣然則何
以知其兼偏而與之言乎察言之時何以識其偏材何以
識其兼材也其爲人也務以流數杼人之所長

而爲之名目如是兼也每因事類杼盡人之所能爲之名目言不容口如陳以美欲人稱之巳之有善因事自說又欲令人言常稱巳不欲知人之所有如是者偏也人之有善耳不樂聞人稱之口不和也不欲知人則言無不疑聞法則疑其刻制聞術則疑其詭詐是故以深說淺益深益異淺者意近故聞深理而心逾衒是以商君說帝王之道不入則以彊兵之義示之異則相迓反則相非聞深則心衒焉得而相是是以李兌塞而不聽蘇秦之說是故多陳處直則以爲見美以其義

多方疑似見美也靜聽不言則以爲虛空待時來語疑其無實抗爲高談則爲不遜辭護理高疑其凌己遜讓不盡則以爲淺陋卑言寡氣疑其淺薄言稱一善則以爲不博未敢多陳疑其陋狹歷發衆奇則以爲多端偏舉事類則欲以釋之復以爲多端先意而言則以爲分美言合其意疑分已美因失難之則以爲不喻欲補其失反不喻也詭以對反則以爲較已欲反其事而明言乃疑其較也博以異雜則以爲無要控盡所懷謂之無要論以同

體然後乃悅（弟兄忿肆爲陳管蔡之事則欣暢而和悅）於是乎有親愛之情稱舉之譽（苟言之同非徒親愛而已乃至譽而舉之）此偏材之常失（意常婟護欲人同己己不必得何由暫得）

英雄第八（自非平淡能各有名英爲文昌雄爲武稱）

夫草之精秀者爲英獸之特群者爲雄（物尚有之況於人乎）故人之文武茂異取名於此（文以英爲名武以雄爲號）是故聰明秀出謂之英膽力過人謂之雄此其大體之別名也若校其分數

則牙則須（英得雄分然後成章，雄得英分然後成剛）各以二分取彼一分然後乃成（膽者雄之分，智者英之分。英有聰明須膽而後成，雄有膽力須知而後立）何以論其然夫聰明者英之分也不得雄之膽則說不行（智而無膽不能正言）膽力者雄之分也不得英之智則事不立（勇而無謀不能立事）是故英以其聰謀始以其明見機（智以謀事之始，明以見事之機）待雄之膽行之（不決則不能行）雄以其力服衆以其勇排難（非力衆不服，非勇難不排）

待英之智成之智以制宜巧乃可成然後乃能各濟其所長也譬金待水而成利功物得水然後成養功若聰能謀始而明不見機乃可以坐論而不可以處事智能坐論而明不見機何事務之能處聰能謀始明能見機而勇不能行可以循常而不可以慮變明能循常勇不能行何應變之能爲若力能過人而勇不能行可以爲力人未可以爲先登力雖絕群膽雄不決何先鋒之能爲力能過人勇能行之而智不能斷

事可以爲先登未足以爲將帥（力能先登臨事無謀）何將帥之能爲必聰能謀始明能見機膽能決之然後可以爲英張良是也氣力過人勇能行之智足斷事乃可以爲雄韓信是也體分不同以多爲目故英雄異名（張良英智多韓信雄膽勝）然皆偏至之材人臣之任也故英可以爲相（制勝于近）雄可以爲將（揚威于遠）若一人之身兼有英雄則能長世高祖項羽是也然英

之分以多於雄而英不可以少也（英以致智智能役雄何可少也）英分少則智者去之故項羽氣力蓋世明能合變（膽烈無前濟江焚糧）而不能聽采奇異有一范增不用是以陳平之徒皆亡歸高祖英分多故群雄服之英材歸之兩得其用（雄既服矣英又歸之）故能吞秦破楚宅有天下然則英雄多少能自勝之數也（勝在於身則能勝物）徒英而不雄則雄材不服也（內無主於中外物何由入）

徒雄而不英則智者不歸往也（無名以接之智者何由往）故雄能得雄不能得英（兕虎自成群也）英能得英不能得雄（鸞鳳自相親也）故一人之身兼有英雄乃能役英與雄能役英與雄故能成大業也（武以服之文以綏之則業隆當年福流後世）

八觀第九（群材異品志各異歸觀其通否所格者八）

八觀者一曰觀其奪救以明間雜（或慈欲濟恤而悋奪某人或救濟廣厚而乞醯為惠）二曰觀其感變以審常

度觀其愠作則常度可審三曰觀其志質以知其名徵質相應覩色知名四曰觀其所由以辨依似依訐似直倉卒難明察其所安昭然可辨五曰觀其愛敬以知通塞純愛則物親而情通純敬則理疎而情塞六曰觀其情機以辨恕惑得其所欲則恕違其所欲則惑七曰觀其所短以知所長訐刺雖短而長於爲直八曰觀其聰明以知所達雖體衆材而材不聰明事事蔽塞其何能達何謂觀其奪救以明間雜夫質有至有違剛質無欲所以爲至貪情或勝

(所以爲遠)若至勝違則惡情奪正若然而不然(以欲勝剛以此似剛而不剛)故仁出於慈有慈而不仁者仁必有恤有仁而不恤者厲必有剛有厲而不剛者若夫見可憐則流涕(慈心發於中)將分與則慨嗇是慈而不仁者(爲仁者必濟恤)覩危急則惻隱(仁情動於內)將赴救則畏患是仁而不恤者(爲恤者必赴危)處虛義則色厲(精厲見於貌)顧利慾則內荏是厲而不剛者(爲剛者必無慾)然

則慈而不仁者則怯奪之也愛財傷於慈仁而不恤者則懼奪之也恇怯損於仁厲而不剛者則慾奪之也利慾害於剛故曰慈不能勝怯無必其能仁也愛則不施何於仁之爲能仁不能勝懼無必其能恤也畏懦不果何恤之能行厲不能勝慾無必其能剛也情存利慾何剛之能成是故不仁之質勝則伎力爲害器仁質既弱而有伎力此害己之器也貪悖之性勝則彊猛爲禍梯廉質既負而性強猛此禍己之梯也

亦有善情救惡不至爲害惡物宜翦而除純善之人憐而救之此綢厚之人非大害也愛惠分篤雖傲狎不離平生結交情厚分深雖原壤夷俟而不相棄無大過也勸善著明雖疾惡無害也如救無道以就有道疾惡雖甚無大非也救濟過厚雖取人不貪也取人之物以有救濟雖譏在乞醯非大貪也是故觀其奪救而明間雜之情可得知也或畏悋奪慈仁或救過濟其分而平淡之主順而恕何謂觀其感變以審常度夫人厚貌深情將欲求之必觀其

辭旨察其應賛視發言之旨趣觀應和之當否夫觀其辭
旨猶聽音之善醜音唱而善醜別察其應賛猶視
智之能否也聲和而能否別故觀辭察應足以互
相別識彼唱此和是非相舉然則論顯揚正白也辭顯
唱正是曰明白不善言應玄也默而識之是曰玄也經緯玄
白通也明辨是非可謂通理移易無正雜也理不一據言意
渾雜先識未然聖也追思玄事叡也見事過
人明也以明爲晦智也心雖明之常若不足微忽必

識妙也理雖至微而能察之美妙不昧疎也心致昭然是曰疎朗測之益深實也心有實智探之愈精猶泉滋中出測之益深也假合炫燿虛也道聽塗說久而無實猶池水無源淺而虛竭自見其美不足也智不贍足恐人不知以自伐不伐其能有餘也不畏不知故曰凡事不度必有其故色貌失實必有憂喜之故憂患之色乏之而且荒憂患在心故形色荒疾疢之色亂而垢雜黃黑色雜理多塵垢喜色愉然以懌慍色厲然以揚妬惑之色冒昧無常

粗白粗赤憒憒在面及其動作蓋並言辭色既發揚言亦從之

是故其言甚懌而精色不從者中有違也心恨而言強和色貌終不相從其言有違而精色可信者

辭不敏也言不自盡故辭雖違而色貌可信言未發而怒

色先見者意憤溢也憤怒填胷者未言而色貌已作言將

發而怒氣送之者彊所不然也欲強行不然之事故怒氣助言凡此之類徵見於外不可奄違心懽而怒

容意恨而和貌雖欲違之精色不從心動貌從感愕以

明雖變可知情雖在內感愕發外千形萬貌粗可知矣是故觀其感變而常度之情可知觀人辭色而知其心物有常度然後審矣何謂觀其至質以知其名凡偏材之性二至以上則至質相發而令名生矣二至質氣之謂也質直氣清則善名生矣是故骨直氣清則休名生焉骨氣相應名是以美氣清力勁則烈名生焉氣既清矣力勁則烈勁智精理則能名生焉智既勁矣精理則能稱智直彊慤則任名生焉直而又美是以見任集于

端質則令德濟焉（質徵端和善德乃成）加之學則文理灼焉（圭玉有質瑩則成文）是故觀其所至之多少而異名之所生可知也（尋其質氣覽其清濁雖有多少之異異狀之名斷可知之）何謂觀其所由以辨依似夫純訐性違不能公正（質氣俱訐何正之有）依訐似直以訐訐善（以直之訐訐及良善）純宕似流不能通道（質氣俱宕何道能通）依宕似通行傲過節（似通之宕容傲無節）故曰直者亦訐訐者亦訐其訐則同其所以

爲訐則異 直人之訐訐惡憚非紕訐爲訐訐善剌是 遹者亦宕宕者亦宕其宕則同其所以爲宕則異 遹人之宕簡而達道紕宕傲僻以自恣 然則何以別之直而能溫者德也 溫和爲直所以爲德 直而好訐者偏也 性直過訐所以爲偏 訐而不直者依也 紕訐似直所以爲依 道而能節者遹也 以道自節所以爲遹 遹而時過者偏也 性遹時過所以爲偏 宕而不節者依也 紕宕自遹所以爲依 偏之與依志同質違所謂似是而非也 質同遹違

或偏或依是故輕諾似烈而寡信不量己力輕許死人臨難畏怯不能殉命多易似能而無效不顧材能日謂能辦受事猖獗作無效驗進銳似精而去速精躁之人不能久任訶者似察而事煩譏訶之人每多煩亂訐施似惠而無成當時似給終無所成面從似忠而退違阿順目前却則自是此似是而非者也紫色亂朱聖人惡之亦有似非而是者事同於非其功實則是大權似姦而有功伊去太甲以成其功大智似愚而內明終日不違內實分別博愛似虛而

實厚况愛無私似虛而實正言似訐而情忠譬帝桀紂至誠
忠愛夫察似明非御情之反欲察似類審則是非御取人情
反覆明之有似理訟其實難別也故聖人參訊廣訪輿衆共
之非天下之至精其孰能得其實若其實可得何
憂乎驩兜何迁乎有苗是以昧旦晨典揚明仄陋語之三槐詢之九棘故聽
言信貌或失其真言訥貌惡仲尼失之子羽詭情御反
或失其賢疑非人情公孫失之卜式賢否之察實在所
依雖其難知即當尋其所依而察之是故觀其所依而似

類之質可知也雖其不盡得其實然察其所依似身其體氣粗可幾矣

何謂觀其愛敬以知通塞蓋人道之極莫過愛敬愛生於父子敬立於君臣是故孝經以愛爲至德起父子之親故爲至德以敬爲要道終君臣之義故爲道之要易以感爲德氣通生物人得之以利養以謙爲道尊卑殊別道之次序老子以無爲德施化無方德之則也以虛爲道寂寞無爲道之倫也禮以敬爲本禮由陰作肅然清淨樂以愛爲主樂由陽來歡然親愛然則人情之質有愛敬

之誠（方在哺乳愛敬生矣）則與道德同體動獲人心而道無不通也（體道脩德故物順理通）然愛不可少於敬少於敬則廉節者歸之（廉人好敬是以歸之）而衆人不與（衆人樂愛愛少是以不與）愛多於敬則雖廉節者不悅而愛接者死之（廉人寡常人衆衆人樂愛致其死則事成業濟是故愛之爲道不可少矣）何則敬之爲道也嚴而相離其勢難久（動必肅容過之不久逆旅之人不及溫和而歸）也愛之爲道也情親意厚深而感物（煦渝篤密）

（感物深感是以翳桑之人倒戈報德）是故觀其愛敬之誠而通塞之理可得而知也（篤於慈愛則溫和而上下之情通務在禮敬則嚴肅而外內之情塞然必愛敬相須不可一時而無然行其二義者常當務令愛多敬少然後肅穆之風可得希矣）何謂觀其情機以辨怨惑夫人之情有六機杼其所欲則喜（爲有力者譽烏獲其心莫不忻焉）不杼其所能則怨（爲辨給者稱三緘其心莫不忿然）以自伐歷之則惡（抗己所能以歷衆人衆人所惡）以謙損下之則悅（卑損下人人皆喜悅）犯其所乏

則婟（人皆悅已所長惡已所短故稱其所短則婟戾忿肆）以惡犯婟
則妬（自伐其能人所惡也稱人之短人所婟也今伐其所能犯人所婟則妬害
生也）此人性之六機也夫人情莫不欲遂其
志（志之所欲欲遂已成）故烈士樂奮力之功（遭難而力士奮）
善士樂督政之訓（政脩而善士用）能士樂治亂之
事（治亂而求賢能）術士樂計策之謀（廣筭而求其策）辨士
樂陵訊之辭（賓賛而求辨給）貪者樂貨財之積（貨財
積則貪者容其求）幸者樂權勢之尤（權勢之尤則幸者竊其權）

苟賛其志則莫不欣然是所謂杼其所欲則喜也（所欲之心杼盡復何怨乎）若不杼其所能則不獲其志不獲其志則戚（憂己才之不展）是故功力不建則烈士奮（奮憤不能盡其材也）德行不訓則正人哀哀（哀不得行其化）政亂不治則能者歎歎（歎不得用其能）敵能未弭則術人思思（思不得運其奇）貨財不積則貪者憂憂（憂無所收其利）權勢不尤則幸者悲（悲不得弄其權）是所謂不杼其能則怨也（所怨

不矜其能恍也人情莫不欲處前故惡人之自伐皆欲居物先故惡人之自伐也自伐皆欲勝之類也是故自伐其善則莫不惡也惡其有勝己之心是所謂自伐歷之則惡也是以達者終不自伐人情皆欲求勝故恍人之謙謙所以下之下有推與之意是故人無賢愚接之以謙則無不色懌不問能否皆欲勝人是所謂以謙下之則恍也是以君子終日謙謙人情皆欲掩其所短見其所長稱其所長

則恍稱其所短則慍是故人駮其所短似若物冐之情之憤悶有若覆冐是所謂駮其所乏之則媢也覆冐純塞其心媢戾人情陵上者也見人勝已皆欲陵之陵犯其所惡雖見憎未害也雖惡我自伐未甚疾害也若以長駮短是所謂以惡犯媢則妬惡生矣以已之長駮人之短而取其害是以達者不爲之也凡此六機其歸皆欲處上物之自大人人皆爾是以君子接物犯而不校知物情好勝雖或以小犯已終不校拒也不校則無不敬下所以

避其害也（務行謙敬誰害之哉）小人則不然既不見機（不達妬害之機）而欲人之順已（謂欲人無違已）以佯愛敬爲見異（孔光逡巡董賢欣喜）以偶邀會爲輕（謂非本心）（忿其輕已）苟犯其機則深以爲怨（小人易悦而難事）是故觀其情機而賢鄙之志可得而知也（賢明志在退下鄙劣志在陵上是以平淡之主御之以正訓貪者之所憂戒幸者之所悲然後物不自伐下不陵上賢否當位治道有序）何謂觀其所短以知所長夫偏材之人皆有所短（智不能周也）故

直之失也訐刺訐傷於義故其父攘羊其子證之剛之失也厲剛切傷於理故諫君不從承之以劍和之失也愞愞弱不及道故宮之奇爲人撓不能強諫介之失也拘拘愚不達事尾生守信死於橋下夫直者不訐無以成其直既悅其直不可非其訐用人之直恕其訐也訐也者直之徵也非訐不能爲直剛者不厲無以濟其剛既悅其剛不可非其厲用人之剛恕其厲也厲也者剛之徵也非厲不能爲剛和者不愞無以保其和既悅其和不

可非其懦〔用人之和恕其愞也〕愞也者和之徵也〔非懦不能爲和〕介者不拘無以守其介既悅其介不可非其拘〔用人之介恕其拘也〕拘也者介之徵也〔非拘不能爲介〕然有短者未必能長也〔純訐之人未能正直〕有長者必以短爲徵〔純和之人徵必愞弱〕是故觀其徵之所短而其材之所長可知也〔欲用其剛必采之於厲〕

何謂觀其聰明以知所達夫仁者德之基也〔載德而行〕義者德之節也〔制德之所宜也〕禮者德

之文也（禮德之文理也）信者德之固也（固德之所執也）智者德之帥也（非智不成德）夫智出於明（明達乃成智）明之於人猶晝之待白日夜之待燭火（火日所以照晝夜智達所以明物理）其明益盛者所見及遠（火日愈明所照愈遠智達彌明理通彌深）及遠之明難（聖人猶有不及）是故守業勤學未必及材（生知者上學能者次）材藝精巧未必及理（因習成巧淺於至理）理義辨給未必及智（理成事業昧于玄智）智能經事未必及道（役智經務去道）

遠矣道思玄遠然後乃周道無不載故無不周是謂學不及材材不及理理不及智智不及道道智玄微故四變而後及道也者回復變通理不繫一故變通之是故別而論之各自獨行則仁爲勝仁者濟物之資明者見理而已合而俱用則明爲將仁者待明其功乃成故以明將仁則無不懷威以使之仁以恤之以明將義則無不勝示以斷割之宜以明將理則無不通理若明練萬事乃達然則苟無聰明無以能遂暗者昧時何能

（成務成遂）故好聲而實不克則恢（恢迂遠於實）好辯而理不至則煩（辭煩而無正理）好法而思不深則刻（刻過於理）好術而計不足則僞（詭誑詐也）是故鈞材而好學明者爲師比力而爭智者爲雄等德而齊達者稱聖聖之爲稱明智之極明也（是以動而爲天下法言而爲萬世範居上位而不亢在下位而不悶）是以觀其聰明而所達之材可知也

人物志卷中

人物志卷下

魏　散騎常侍劉邵撰

凉　儒林祭酒劉昞注

七繆第十

人物之理妙而難明以情鑒察繆猶有七

七繆一曰察譽有偏頗之繆徵質不明故聽有偏頗也

二曰接物有愛惡之惑或情同忘其惡或意異違其善也

三曰度心有小大之誤或小知而大無成或小暗而大無明

四曰品質有早晚之疑有早智而速成者有晚智而晚成者

五曰變類有同體之嫌材同勢均則相競材同勢傾則相敬

六曰論材有申壓之詭藉富貴則惠施而名申處貧賤則乞求而名壓

七曰觀奇有二尤之失妙尤含藏直尤虛瑰故察難中也

夫采訪之要不在多少事無巨細要在得正然徵質不明者信耳而不敢信目目不能察而信於耳故人以爲是則心隨而明之人以爲非則

意轉而化之信人毀譽故向之所是化而爲非雖無所嫌
意若不疑信毀譽者心雖無嫌意周疑矣且人察物亦自
有誤愛憎兼之其情萬原明既不察加之愛惡是非是疑
豈可勝計不暢其本胡可必信去愛憎之情則實理得矣是
故知人者以目正耳雖聽人言常正之以目不知人
者以耳敗目親見其誠猶信毀而棄之故州閭之士皆
譽皆毀未可爲正也或衆附阿黨或獨立不群交遊之
人譽不三周未必信是也交結致譽不三周色貌取人而

行違之夫實厚之士交遊之間必每所在肩
稱言忠信行篤敬雖蠻貊之邦行矣上等援之下等推之
蠻貊推之況州里乎苟不能周必有咎毀行不篤敬者或謟諛
得上而失於下或阿黨得下而失於上故偏上失下則其終
有毀非之者多故不能終偏下失上則其進不傑衆雖
推之上不信與共故誠能三周則爲國所利此正直
之交也由其正直故名有利故皆合而是亦有違比
或違正阿黨故合而是之皆合而非或在其中或特立不群故

合而非之若有奇異之材則非衆所見奇逸絕衆衆何
由識而耳所聽采以多爲信不能審查其材但信衆人言也
是繆於察譽者也信言察物必多繆失是以聖人如有所譽必有
所試夫愛善疾惡人情所常不問賢愚情皆同之也苟
不明質或疎善善非非者見善善者見疎豈故然哉由意不明
何以論之夫善非者雖非猶有所是既有百非
必有一是以其所是順己所長惡人一是與己所長同也則
不自覺情通意親忽忘其惡以與己同忘其百非謂矯

（篤爲至孝，殘摧爲至忠。）善人雖善，猶有所乏。（雖有百善，或有一短。）以其所乏，不明已長；（善人一短，與已所長異也。）以其所長，輕已所短；則不自知志乖氣違，忽忘其善。（以與己異，百善皆棄，謂曲枝爲七首，辨撟爲反其耶。）是惑於愛惡者也。（微質晴昧者，其於接物，常以愛惡惑異其正。）夫精欲深微，質欲懿重，志欲弘大，心欲嗛小。精微所以入神妙也，（麁則失神。）懿重所以崇德宇也，（躁則失身。）志大所以戡物任也，（小則不勝。）心小所以慎咎悔也大則驕陵故詩詠文王小心翼翼不大聲以色小心也言不貪求大名聲見於顏色王赫斯怒以對于天下志大也故能誅紂定天下以致太平由此論之心小志大者聖賢之倫也心小故以服事殷志大故三分天下有其二心大志大者豪傑之雋也志大而心又大故名豪雋心大志小者傲蕩之類也志小而心闊遠故爲傲蕩之流也心小志小者拘愞之人也心近志短豈能弘大衆人之察或陋其心小見沛公燒絕棧道謂

其不能定天下或壯其志大見項羽號稱強楚便謂足以臣諸侯是誤於小大者也由智不能察其度心常誤於小大夫人材不同成有早晚有早智而速成者質清氣朗生則秀異故童烏蒼舒總角曜奇也有晚智而晚成者質重氣遲則久乃成器故公孫含道老而後章有少無智而終無所成者質濁氣暗終老無成故原壤年老聖人叩脛而不能化有少有令材遂爲雋器者幼而通理長則愈明故常材發奇於應賓效德於公相四者之理不可不察當察其早晚隨時而用之夫幼智

之人材智精達，然其在童髦皆有端緒（仲尼戲言俎豆，鄧艾指圖軍旅）。故文本辭繁（初辭繁者長必文麗），辯始給口（幼給口者長必辯論也）；仁出慈恤（幼慈恤者長必矜人），施發過與（幼過與者長必好施）；慎生畏懼（幼多畏者長必謹慎），廉起不取（幼不妄取長必清廉）；早智者淺惠而見速（見小事則達其形容），晚成者奇識而舒遲（智雖舒緩能識其妙）；終暗者並困於不足（事務難易意皆昧然），遂務者周達而有餘（事無大小皆能極之）。而衆人之察，不慮其變

常以一槩責於終始是疑於早晚者也或以早成而疑晚智或以
晚智而疑早成故於品質常有妙失也夫人情莫不趣名利
避損害名利之路在於是得是得在已名利與之損
害之源在於非失非失在已損害攻之故人無賢愚
皆欲使是得在已賢者尚然況愚者乎能明已是莫
過同體體同於我則能明已是以偏材之人交遊進
趨之類皆親愛同體而譽之同體能明已是以親而譽
之憎惡對反而毀之與已體反是以惡而疏之序異雜

而不尚也（不與已同不與已異則雖不憎亦不尚之）推而論之無他故焉夫譽同體毀對反所以証彼非而著已是也（由與已同體故証彼非而著已是也）至于異雜之人於彼無益於已無害則序而不尚（不以彼爲是不以已爲非都無損益何所尚之）是故同體之人常患於過譽（譽俱爲人則力小者慕大力大者提小故其相譽常失其實也）及其名敵則尠能相下（若俱能負鼎則爭勝之心生故不能相下）是故直者性奮好人行直於人（見人正直則心

好之而不能受人之許刺己之非則許而不受盡者情露好人行盡於人見人顯露則心好之而不能納人之徑説已徑盡則違之不納務名者樂人之進趨過人見人乘人則惋其進趨而不能出陵己之後人陵於己則忿而不服是故性同而材傾則相援而相賴也並有旅力則大能獎小性同而勢均則相競而相害也恐彼勝己則妬善之心生此又同體之變也故或助直而毀直人直過於己直則非毀之心生或與明而毀

明（人明過於己則則妬害之心動）而衆人之察不辨其律理是嫌於體同也（體同尚然況異體乎）夫人所處異勢勢有申壓富貴遂達勢之申也（身處富貴物不能屈是以佩六國之印父母迎於百里之外）貧賤窮匱勢之壓也（身在貧賤志何申展是以黑貂之裘弊妻嫂墮于閨門之內）上材之人能行人所不能行（凡云爲動靜固非衆人之所及）是故達有勞謙之稱窮有著明之節（材出于衆其進則裒多益寡勞謙濟世退則履道坦坦幽人貞吉）中材之人則隨世

損益守常之智中壓在時故勢來則益勢去則損是故藉富貴則貨財充於內施惠周於外貨財有餘恣意周濟見贍者求可稱而譽之感其恩紀匡救其惡是以朱建受金而爲食其畫計見援者闡小美而大之感其引援將順其美是以曹丘見援爲季布揚名雖無異材猶行成而名立夫富與貴可不欣哉乃至無善而行成無智而名立是以富貴妻嫂恭況他人乎處貧賤則欲施而無財欲援而無勢有慈心而無以極識奇材而不能援親戚不能恤朋友不見濟內無蔬食

之饋外無綈袍之贈分義不復立恩愛浸以離意氣皆空

薄分意何由立怨望者並至歸非者日多非徒薄已遂生

怨謗之言雖無罪尤猶無故而廢也夫貧與賤可不懾哉

乃至無由而生謗無罪而見廢是故貧賤妻子慢況他人乎故世有侈

儉名由進退行雖在我而名稱在世是以良農能稼未必能穡天

下皆富則清貧者雖苦必無委頓之憂家給

人足路人皆饋之且有辭施之高以獲榮名之利

得辭施之高名受餘光之善利皆貧則求假無所告家貧户乏

粟成珠玉而有窮乏之患且生鄙吝之訟乞假無遺
與嫂叔爭糟糠是故鈞材而進有與之者則體盈
而茂遂已既自足復須給賜則名美行成所爲遂達私理卑抑
有累之者已既不足親戚並困則微降而稍退上等不援
下等不推而衆人之觀不理其本各指其所在
謂申達者爲材能壓屈者爲愚短是疑於申壓者也材智雖鈞
貴賤殊塗申壓之變在乎貧富夫清雅之美著乎形質察
之寡失形色外著故可得而察之失繆之由恒在二尤

二尤之生與物異列是故非常人之所見故尤妙之人含精於内外無飾姿譬金水内明而不外明故馮唐白首屈於郎署尤虛之人碩言瑰姿内實乖反猶燭火外照灰燼内暗故主父偃辭麗一歲四遷而人之求奇不可以精微測其玄機明異希其尤奇異非精不察或以貌少爲不足覩醜蔑貌惡便疑其淺陋或以瑰姿爲巨偉見江充貌麗便謂其巨偉或以直露爲虛華以其款盡疑無厚實或以巧飭爲真實巧言如流悅而覩之是以早拔多

誤不如順次或以甘羅爲早成而用之於早歲或訣復欲順次也夫
順次常度也苟不察其實亦焉往而不失
徵質不明不能識奇故使順次亦不能得故遺賢而賢有濟則
恨在不早拔故鄭伯謝之於燭武拔奇而奇有敗則
患在不素別故光武悔之於朱浮任意而獨繆則悔
在不廣問秦穆不從蹇叔雖追誓而無及廣問而誤已則
怨己不自信隗囂心存於漢而爲王元所誤是以驥子發
足衆士乃誤韓信立功淮陰乃震夫豈惡

奇而好疑哉乃尤物不世見而奇逸美異
也故非常人之所識也是以張良體弱而精彊爲衆
智之儁也不以質弱而傷於智荆叔色平而神勇爲
衆勇之傑也不以色和而傷於勇然則儁傑者衆人
之尤也奇逸過於衆人故衆人不能及聖人者衆尤之尤
也通達過於衆奇故衆奇不能逮其尤彌出者其道彌遠
非天下之至精其孰能與於此故一國之儁於州爲輩未
得爲第也郡國之所儁異比於州郡未及其第目一州之第

於天下爲椳州郡之所第目以比天下之雋椳而不可及椳一回反攉也天下之椳世有優劣英人不世繼是以伊召管齊應運乃出是故衆人之所貴各貴其出巳之尤智材勝巳則以爲貴而不貴尤之所尤尤之尤者非衆人之所識是故衆人之明能知輩士之數衆人明者粗知郡國出輩之士而巳而不能知第目之度乃未識郡國品第之雋輩士之明能知第目之度出輩明者粗知郡國第目之良不能識出尤之良也未識出尤奇異之理出尤之人能

知聖人之教瞻之在前忽焉在後不能究之入室之奧也如有所立卓爾雖欲從之末由也已由是論之人物之理妙不可得而窮已爲當擬諸形容象其物宜觀其會通舉其一隅而已

效難第十一人材精微實自難知知之難審效薦之難

蓋知人之效有二難有難知之難尤奇遊雜是以難知有知之而無由得效之難已雖知之無由得薦何謂難知之難人物精微智無形狀奇逸精妙能神而

明[欲入其神而明其智]其道甚難固難知之難也[知人則哲惟帝難之況常人乎]是以衆人之察不能盡備[各守其一方而已]故各自立度以相觀采[以己所能歷觀衆才]或相其形容[以貌狀取人]或候其動作[以進趨取人]或揆其終始[以發正取人]或揆其儗象[以旨意取人]或推其細微[以情理取人]或恐其過悮[以簡恕取人]或循其所言[以辭旨取人]或稽其行事[以功效取人]八者遊雜[各以意之所可爲准是以雜而無紀]故其得者少

人失者多但取其同於已而失其異於已已不必兼故失者多是故
必有草創信形之誤或色貌取人而行違又有居止
變化之謬或身在江海心存魏闕故其接遇觀人也
隨行信名失其中情是以聖人聽言觀行如有所譽必有所試
故淺美揚露則以爲有異智淺易見狀似異美深明
沉漠則以爲空虛智深內明狀似無實分別妙理則
以爲離婁研精至理狀似離婁口傳甲乙則以爲義
理強指物類狀似有理好說是非則以爲臧否妄說是非

似明善否講目成名則以爲人物強識賢愚似明人物平
道政事則以爲國體妄論時事似識國體猶聽有聲
之類名隨其音七者不能明物皆隨行而爲之名猶聽猫音而謂之
猫聽雀音而謂之雀不知二蟲竟謂何名也世之疑惑皆此類也是以魯國儒服者
衆人皆謂之儒立而問之一人而已夫名非實用之不效南箕
不可以簸揚北斗不可挹酒漿故曰名猶口進而實從事
退衆覩形而名之故用而不驗也中情之人名不副實用
之有效真智在中衆不能見故無外名而有内實故名由衆退

而實從事章效立則名章此草創之常失也淺智無終深智無始故衆人之察物常失之於初故必待居止然後識之視其所止觀其所居而焉不知故居視其所安安其舊者敦於仁達視其所舉舉剛直者厚於義富視其所與與嚴壯者明於禮窮視其所爲爲經術者勤於智貧視其所取取其分者存於信然後乃能知賢否行此者賢反此者否此又已試非始相也試而知之豈相也哉所以知質未足以知其畧畧在變通不可常准且天下之人

不可得皆與遊處故視其外狀可以得一未足盡知或志趣變易隨物而化是以世祖失之龐萌曹公失之董卓或未至而懸欲或已至而易顧李軼始專心於光武終政顧於聖公或窮約而力行或得志而從欲王莽初則布衣折節卒則窮奢極侈此又居止之所失也情變如此誰能定之由是論之能兩得其要是難知之難既知其情又察其變故非常人之所審何謂無由得效之難上材已莫知已難識知或所識者在幼賤之中未達

而喪（未及進達其人已喪）或所識者未拔而先沒（未及
拔舉已先沒世）或曲高和寡唱不見讚（公叔座薦商鞅而魏
王不能用）或身卑力微言不見亮（禽息舉百里奚首足皆碎）
或器非時好不見信貴（竇后方好黃老儒者何由見進）或
不在其位無由得拔（卞和非因匠所以抱璞泣）或在其
位以有所屈迫（何武舉公孫祿而為王氏所推）是以良材
識真萬不一遇也（材能雖良當遇知己知己雖遇當值明王三者
之遭萬不一會）須識真在位識百不一有也（雖識已真

或不在位以位勢值可薦致之宜十不一合也
識已須在位智達復須宜或明足識真有所妨奪不欲
貢薦雖識辨賢愚而屈於妨奪故有不欲或好貢薦而不能
識真在位之人雖心好賢善而明不能識是故知與不知相
與分亂於總猥之中或好賢而不識或知賢而心妬故用與不
用同於衆總紛然淆亂實知者患於不得達效身無位次
無由效達不知者亦自以爲未識身雖在位而不能識所
謂無由得效之難也故曰知人之效有二

難且况以人主常當運其聰智廣其視聽明揚側陋旁求俊乂舉能不避仇讐援賢不棄幽隱然後國家可得而治功業可得而濟也

釋爭第十二

賢善不伐況小事乎釋忿去爭必荷榮福

蓋善以不伐為大為善而自伐其能衆人之所小賢以自矜為損行賢而去自賢之心何往而不益哉是故舜讓于德而顯義登聞湯降不遲而聖敬日躋彼二帝雖天挺聖德生而上哲猶懷勞謙疾行退下然後信義登聞光宅天位郄至上人而抑下滋甚王叔好爭而終于出奔此二

大夫矜功陵物或宗移族滅或逃禍出奔由此觀之爭讓之道豈不懸歟然則卑讓降下者茂進之遂路也江海所以爲百谷王以其處下也矜奮侵陵者毀塞之險途也兕虎所以攖牢檻以其性獷噬也是以君子舉不敢越儀準志不敢凌軌等足不苟蹈常懷退下内勤己以自濟外謙讓以敬懼獨處不敢爲非出門如見大賓是以怨難不在於身而榮福通於長久也外物不見傷子孫賴以免彼小人則不然矜功伐能好以陵人初無巨細心發

揚以陵物是以在前者人害之矜能奔縱人情所害有功者人毀之恃功驕盈人情所毀毀敗者人幸之及其覆敗人情所幸是故並轡爭先而不能相奪小人競進智不相過並驅爭險更相蹈籍兩頓俱折而爲後者所趨中道而斃後者乘之譬兎殛犬疲而田父收其功由是論之爭讓之途其別明矣君子尚讓故涉萬里而途清小人好爭足未動而路塞然好勝之人猶謂不然貪則好勝雖聞德讓之風意猶昧然乃云古人讓以得今人讓以失心之所是起而爭之以在前爲速銳

以處後爲罣滯（故行坐汲汲不暇脂車）以下衆爲卑屈以躡等爲異傑（苟矜起等不羞負乘）以讓敵爲迴辱以陵上爲高厲（故趙穿不顧元帥彘子以偏師陷）是故抗奮遂徃不能自反也（譬虎狼食生物遂有殺人之怒）夫以抗遇賢必見遜下（相如爲廉頗逡巡兩得其利）以抗遇暴必搆敵難（灌夫不爲田蚡持下兩得其尤）敵難既搆則是非之理必溷而難明（俱自是而非彼誰明之耶）溷而難明則其與自毀何以異哉（兩虎共鬭小者死大

者傷焉得而兩全且人之毀己皆發怨憾而變生釁也若本無憾恨遭事際會亦不致毀害必依託於事飾成端末凡相毀謗必因事類而飾成之其於聽者雖不盡信猶半以爲然也由言有端角故信之者半己之校報亦又如之復當報謗爲生翅尾終其所歸亦各有半信著於遠近也俱有形狀不知其實是以近遠之聽皆半信於此半信於彼然則交氣疾爭者爲易口而自毀也己說人之瑕人亦說己之穢雖詈人自取其詈也並辭競說者爲貸

手以自毆辭忿則力爭已既毆人人亦毆已此其爲借手以自毆爲
惑繆豈不甚哉借手自毆借口自詈非或如何然原其所
由豈有躬自厚責以致變訟者乎已能自責人亦
自責兩不言競變訟何由生哉皆由內恕不足外望不已
所以爭者由內不能恕已自責而外望於人不已也或怨彼輕我或
疾彼勝已是故心爭終無休已夫我薄而彼輕之則
由我曲而彼直也由曲而見輕固其宜矣我賢而彼不
知則見輕非我咎也親反傷也固其宜矣若彼賢而

處我前則我德之未至也德輕在彼固所宜也若德
鈞而彼先我則我德之近次也德鈞年次固其常矣
夫何怨哉且兩賢未別則能讓者爲雋矣
材均而不爭優劣衆人善其讓爭雋未別則用力者爲憊
矣雋等而名未別衆人惡其鬭是故藺相如以廻車決
勝於廉頗寇恂以不鬭取賢於賈復此二賢者
知爭途不可由故回車退避或酒炙迎送故廉賈肉袒爭尚泯矣物勢之
反乃君子所謂道也龍蛇之蟄以存身尺蠖之屈以求伸蟲微

物耳尚知蟠屈況於人乎是故君子知屈之可以爲伸故含辱而不辭韓信屈於跨下之辱知卑讓之可以勝敵故下之而不疑展喜犒齊師之謂也及其終極乃轉禍而爲福晋文避楚三舍而有城濮之勳屈讐而爲友相如下廉頗而爲刎頸之交使怨讐不延於後嗣而美名宣於無窮子孫荷其榮蔭竹帛紀其高義君子之道豈不裕乎若偏急好爭則身危當年何後來之能福且君子能受纖微之小嫌故無無變鬭之大訟大訟起於纖芥

故君子慎其小小人不能忍小忿之故終有赫赫之敗辱小人以小惡爲無傷而不去故罪大不可解惡積不可救怨在微而下之猶可以爲謙德也怨在纖微則謙德可以除之變在萌而爭之則禍成而不救矣涓涓不息遂成江河水漏覆舟胡可救哉是故陳餘以張耳之變卒受離身之害思復須臾之忿忘終身之惡是以身滅而嗣絕也彭寵以朱浮之郄終有覆亡之禍恨督責之小故違終始之大計是以宗夷而族覆也禍福之機可不慎哉二女爭桑

吳楚之難作季郈鬬雞魯國之釁作可不畏歟可不畏歟是故君子之
求勝也以推讓爲利銳推讓所往前無堅敵以自修
爲棚櫓修己以敬物無害者靜則閉嘿泯之玄門動
則由恭順之通路時可以靜則重閉而玄嘿時可以動則履正而
後進是以戰勝而爭不形動靜得節故勝無與爭爭不以力故
勝功見耳敵服而怨不搆干戈不用何怨搆之有若然者
悔恡不存于聲色夫何顯爭之有哉色貌猶不
動況力爭乎彼顯爭者必自以爲賢人而人以

爲險詖者以己爲賢專固自是是己非人人得不爭乎實無險
德則無可毀之義若信有險德又何可與
訟乎險而與之訟是柙兕而攖虎其可乎
怒而害人亦必矣易曰險而違者訟訟必
有衆起言險而行違必起衆而成訟矣老子曰夫惟不爭
故天下莫能與之爭以謙讓爲務者所往而無爭是故
君子以爭途之不可由也由於爭途者必覆輪而致禍
是以越俗乘高獨行於三等之上何謂三

等大無功而自矜一等空虛自矜故為下等也有功
而伐之二等自伐其能故為中等功大而不伐三等
推功於物故為上等愚而好勝一等不自量度故為下等賢而
尚人二等自美其能故為中等賢而能讓三等歸善於物
故為上等緩已急人一等性不恕人故為下等急已急人
二等褊戾峭刻故為中等急已寬人三等謹身恕物故為上等
凡此數者皆道之奇物之變也心不純一是為奇變
三變而後得之故人莫能遠也小人安其下等何由

能及哉夫唯知道通變者然後能處之處上等而不失者也是故孟之反以不伐獲聖人之譽不伐其功美譽自生管叔以辭賞受嘉重之賜不貪其賞嘉賜自致夫豈詭遇以求之哉乃純德自然之所合也豈故不伐辭賞詭情求名耶乃至直發於中自與理會也彼君子知自損之爲益故功一而美二自損而行成名立小人不知自益之爲損故一伐而並失自伐而行戮名喪由此論之則不伐者伐之也不爭

者爭之也不伐而名章不爭而理得讓敵者勝之也下
衆者上之也退讓而敵服謙尊而德光君子誠能覩爭
途之名險獨乘高於玄路則光暉煥而日
新德聲倫於古人矣避忿肆之險途獨逍遥於上等遠燕雀於
啁啾疋鳴鳳於玄曠然後德輝耀於來今清光侔於往代

人物志卷下

右人物志三卷十二篇魏劉邵撰案隋唐經籍志篇第皆與今同列于名家十六國時燉煌劉昞重其書始作注解然世所傳本多謬誤今合官私書校之去其複重附益之文爲定本内或疑字無書可證者今據衆本皆相承傳疑難輙意改云邵之叙五行曰簡暘而明砭火之德也徧檢書傳無明砭之證案字書砭者以石刺病此外更無他訓然自魏晉以後轉相傳寫豕亥之變莫能究知不爾則邵當别有異聞今則亡矣

愚謂明砭都無意義自東晉諸公草書啓
字爲然疑爲簡暢而明啓耳文寬夫題

劉劭字孔才廣平邯鄲人也據今官書魏志作勉劭之劭從力他本或從邑者晉邑之名案字書此二訓外無他釋然俱不協孔才之意詭文則為邵音同上但召旁從卩耳訓高也李舟切韻訓美也高美又與孔才義符楊子法言曰周公之才之邵是也今俗駡法言亦作邑旁邵蓋力卩文近易訛讀者又昧偏傍之別今定從邵云建安中為計吏詣許太史上言正旦當日蝕劭時在尚書令荀彧所坐者數十人或云當廢朝或云宜却會劭曰梓慎裨竈古之良史猶占水火錯失天時

禮記曰諸侯旅見天子及門不得終禮者
四日蝕在一然則聖人垂訓不爲變豫廢
朝禮者或災消異伏或推行謬誤也或善
其言敕朝會如舊日亦不蝕魏黃初中爲
尚書郎散騎侍郎受詔集五更群書以類
相從作皇覽後與議郎庾嶷荀詵等定科
令作新律十八篇著律畧論遷散騎常侍
嘗作趙都賦明帝美之詔卲作許都洛都

賦時外興軍旅內營宮室邵作二賦皆諷
諫焉景初中受詔爲都官考課邵作七十
二條及畧說一篇又以謂宜制禮作樂以
移風俗著洛論十四篇正始中執經講學
賜爵關內侯凡所撰述法論人物志之類
百餘篇卒追贈光祿勲詔書博求衆賢散
騎侍郎夏侯惠上疏盛稱邵才史臣陳壽
亦曰邵該覽學籍文質周洽云

劉昞字延明燉煌人也年十四就博士郭瑀瑀弟子五百餘人通經業者八十餘人瑀有女始笄妙選良偶有心於昞遂別設一席謂弟子曰吾有一女欲覓快女婿誰坐此席者吾當婚焉昞遂奮坐神志湛然曰昞其人也瑀遂以女妻之昞後隱居酒泉不應州郡命弟子受業者五百餘人李暠據涼州徵爲儒林祭酒從事郎暠好尚

文典書史穿落者親自補葺昞時侍側請
代其事暠曰躬自執者欲人重此典籍吾
與卿相遇何異孔明之會玄德遷撫夷護
軍雖有政務手不釋卷暠曰卿注記篇籍
以燭繼晝白日且然夜可休息昞曰朝聞
道夕死可矣不知老之將至孔聖稱言昞
何人斯敢不如此昞以三史文繁著畧記
百三十篇八十四卷燉煌實録二十卷方

言三卷靖恭堂銘一卷注周易韓子人物
志黃石公三畧行於世沮渠蒙遜平酒泉
拜秘書郎專管注記築陸沈觀於西苑躬
往禮焉號玄處先生學徒數百月致羊酒
牧犍尊爲國師親自致拜命官屬以下皆
北面爲業魏太武平凉州士庶東遷夙聞
其名拜樂平王從事中郎後思歸道病卒
以上並案邵昞本傳刪取其要云廣平宋

庠記

序人物志後

余嘗三復人物志而竊有感焉夫人德性
資之繼成初未始有異也而終之相去懸
絕者醇駁較於材隆汚判諸習曰三品曰
五儀胥是焉而賢不肖殊途矣是以知人
之哲古人難之言貌而取人者聖人弗是
也茲劉邵氏之有以志人物也乎修巳者
得之以自觀用人者持之以照物烏可廢

諸然用舍之際人材之趨向由之可弗慎乎精於擇而庸適其能篤於任而弗貳以私則真材獲用大猷允升矣其或偏聽眩志而用不以道動曰才難吾恐蕭艾弗擇魚目混珍也左馮翊王三省識

重刻人物志跋

劉邵人物志凡十二篇辨性質而準之中庸甄材品以程其職任事核詞章三代而下善評人品者莫或能踰之矣邵生漢末乃其著論體裁纚然有荀卿韓非風致而亹亹自成一家言即九徵八則之論質之孔孟觀人之法唐虞九德之旨自有發所未發者後世欲辨官論材惡可以不知也

顧其書獲見者少又脫落難讀
大中丞真定梁公持節鉞撫鎮中州熊車
所蒞吏稱民安爰覓善本加訂正刻之宋
郡用以傳之人人授簡屬吏旻綴一言于
末簡旻得卒業反復流業篇國體器能之
說深有味乎其言之也今
中丞公厲風俗正天下謀廟勝三材允兼
至其振策群吏惟器所適靡不奮力展采

兢兢罔敢怠遑總達衆材全矣巽日秉鈞當軸將使官不易方而太平用成知人安民之道拭目身親見之邵之志何幸獲酬於公哉刻成輙志固陋僭書識刻之歲月覧者當知言之非佞云

隆慶六年壬申仲夏之吉歸德府知府揭陽鄭旻謹書

（三國魏）劉邵　撰　（北魏）劉昞　注　（清）王鉞　跋

人物志三卷（卷上）

明萬曆五年（1577）李茼刊本

韓生鑒藏

古營陵閻香亭先生寄贈

共三卷計一冊

人物志

魏劉邵作人物志而原本性情漢唐以來諸儒所未聞也其卒
篇歸之釋爭雖其說不出老氏退一步法讀其所謂交氣疾
爭者為易口而自毀並辭競說者為貸手以自毆蓋言之不啻
切矣又曰兩賢未別則能讓者為雋爭雋未別則用力者為憊
三復之可以消學者之往浮氣而調燮性情之教也豈獨為鑒
別流品設哉

此據王鉞讀書叢殘

人物志序

阮逸 撰

人性為之原而情者性之流也性發於內情導於外而形色隨之故邪正態度變露莫狀溷而莫睹其真也惟至哲為能以材觀情索性尋流照原而善惡之迹判矣聖人沒諸子之言性者各膠一見以倡惑於後是俾馳辨䦨異者得肆其說蔓衍天下

故學者莫要其歸而天理幾乎熄矣予好閱古書於史部中得劉邵人物志十二篇極數萬言其述性品之上下材質之兼偏研幽摘微一貫於道若度之長短權之輕重無銖髮蔽也大抵考諸行事而約人於中庸之域誠一家之善志也由魏至宋歷數百載其用尚晦而鮮有知者吁可惜哉刻蟲篆淺技無益於教者猶刊鏤以行於

世是書也博而暢辨而不肆非衆說之流也王者得之爲知人之龜鑑士君子得之爲治性術者之撽繇其効不爲小矣予安得不序而傳之嬈夫良金美玉篋櫝一啓而觀者必知其寶也

人物志 有序

魏散騎常侍劉　邵　撰

凉儒林祭酒劉　昞　注

夫聖賢之所美莫美乎聰明（天以三光著其象人以聰明邵其度）聰明之所貴莫貴乎知人（聰於書計者六藝之一術明於人物者官材之總司）知人誠智則衆材得其序而庶績之業興矣是以聖人著爻象則立君子小人之辭（君子者小人之師小人者君子之資師資相成其来

尚矣敘詩志則別風俗雅正之業九土殊風五方異俗是以聖人立其教不易其俗制其政不改其俗制禮樂則考六藝雖不易其方常以詩禮為首雖不改其俗常以孝友為本躬祗庸之德南面則援俊逸輔相之林皆所以達衆善而成天功也繼天成物其任至重故求賢舉善常若不及天功既成則並受名譽忠臣竭力而効能明君得賢而高枕上下忠愛謗毀何從生哉是以堯以克明俊德為稱舜以登庸二八為功湯以拔有莘之賢為名文王

以舉渭濱之叟為貴由此論之聖人與德孰不勞聰明於求人獲安逸於任使者哉采士飯牛秦穆所以霸西戎一則仲父齊桓所以成九合是故仲尼不試無所援升猶序門人以為四科泛論衆材以辨三等舉德行為四科之首敘生知為三等之上明德行者道義之門質志氣者材智之根也又歎中庸以殊聖人之德中庸之德其至矣乎人鮮久矣唯聖人能之也尚德以勸庶幾之論顏氏之子其殆庶幾乎三月不違仁乃窺德行之門若非志士仁人希邁之性

日月至焉者豈能終之訓六蔽以戒偏材之失仁者愛物蔽在無斷信者露誠蔽在無隱此偏材之常失也思狂狷以通拘抗之材或進趨於道義或潔已而無為在上者兩順其所能則拘抗並用疾悾悾而無信以明為似之難保厚貌深情聖人難之聽其言而觀其所為則似訖不得逃矣又曰察其所安觀其所由以知居止之行言必契始以要終行必觀初以求卒則中外之情粗可觀矣人物之察也如此其詳不詳察則官材失其序而庶政之業荒矣是以敢依聖訓志序人物

庶以補綴遺忘惟博識君子裁覽其義焉

端木方人宣屋少之視以察安獨峯々焉聖人之心何有二哉頎所用者何如心乎爲己則觀嬓思以勸懲別臧否以取舍胥善道也達是矜己長議人短其爲學者病可勝言哉噫作人物志者良有隱憂也余自束髮業舉子事先君授是卷讀之頗厭其詞之深以刻也范々焉檢卷若不相值矣宦游十五年來困心衡慮日求寡過思自得

師而未能、每於寡人竊以自照、若印證焉、迺知
此卷之趣、假令叩洙泗門墻、或亦所與、古人云以
人為鑑、其斯之謂歟、頃海內之善本、爰搆一
帙、訂而繡諸梓、期與脩德者共、以之取友、以
之檢身、皆心乎為己爾、萬曆丁丑春王正月、
海岱瑯洲居士李蒿、識於思益軒之白雲行
窩、

人物志目録

上卷

中卷

下卷

七繆十　　效難十一

釋爭十二

重刻人物志跋

劉邵人物志凡十二篇辨性質而準之中庸甄材品以程其職任事核詞章三代而下善評人品者莫或能踰之矣邵生漢末乃其著論體裁纚然有荀卿韓非風致而亹亹自成一家言即九徵八則之論質之孔孟觀人之法唐虞九德之旨自有發所未發者後世欲辨官論材惡可以不知也

顧其書獲見者少又脫落難讀

大中丞真定梁公持節鉞撫鎮中州熊東所蒞吏稱民安爰覔善本加訂正刻之宋郡用以傳之人人授簡屬吏爰綴一言于末簡是得卒業反復流業篇國體器能之說深有味乎其言之也今

中丞公厲風俗正天下謀廟勝三材允兼至其振策群吏惟器所適靡不奮力展采

兢兢罔敢怠遑總達衆材至矣巽日秉鈞當軸，將使官不易方而太平，用成知人安民之道，拭目身覩見之，邵之志何幸獲酬於公哉，刻成，輒忘固陋，僭書識刻之歲月，覽者當知言之非佞云。

隆慶六年壬申仲夏之吉歸德府知府揭陽鄭旻謹書

人物志卷上

魏　散騎常侍劉邵撰

涼　儒林祭酒劉昞注

九徵第一（人物情性志氣不同徵神見貌形驗有九）

蓋人物之本出乎情性（性質稟之自然情變由於染習是以觀人察物當尋其性質也）情性之理甚微而玄非聖人

之察其孰能究之哉知無形狀故常人不能覩惟聖人目擊而照之凡有血氣者莫不含元一以為質質不至則不能涉寒暑歷四時禀陰陽以立性性資於陰陽故剛柔之意别矣體五行而著形骨勁筋柔皆禀精於金木苟有形質猶可即而求之由氣色外著故相者得其情素也凡人之質量中和最貴矣質白受采味甘受和中和者百行之根本人情之良田也中和之質必平淡無味惟淡也故五味得和焉若苦則不能甘矣若酸也則不能鹹矣故能調成五材變化應節

平淡無偏羣林必御致用有宜通變無滯是故觀人察質必先察其平淡而後求其聰明譬之驥騄雖超逸絕羣若氣性不和必有毀衡碎首決胷之禍也聰明者陰陽之精離目坎耳視聽之所由也陰陽清和則中叡外明聖人淳耀能兼二美知微知章耳目兼察通幽達微官材授方舉無遺失自非聖人莫能兩遂雖得之於目或失之於耳故明白之士達動之機而暗於玄慮達於進趨而暗於止靜以之進趨則欲速而成疾以之深慮則抗奪而不入也玄慮之人識靜

之原而困於遠捷性安沉默而智乏應機以之閑靜則玄微之道構以之濟世則勁捷而無成猶火日外照不能內見金水內暎不能外光人各有能物各有性是以聖人任明白以進趨委守成於玄慮然後止得節出處應宜矣動二者之義蓋陰陽之別也陽動陰靜乃天地之定性況人物乎若量其材質稽諸五物五物之徵亦各著於厥體矣筋勇色青血勇色赤中動外形豈可匿也其在體也木骨金筋火氣土肌水血五物之象也五性者成形之具五物為母故氣色

從之而具五物之寶各有所濟五性不同各有所禀禀性多者
則偏生也性是故骨植而柔者謂之弘毅弘毅
也者仁之質也木則柔蔭為仁之質質不弘毅不能成仁氣清
而朗者謂之文理文理也者禮之本也火則
照察為禮之本本無文理不能成禮體端而實者謂之貞固
貞固也者信之基也土必吐生為信之基也基不貞固不能成
信筋勁而精者謂之勇敢勇敢也者義之
決也金能斷割為義之決決不勇敢不能成義色平而暢者謂

之通微通微也者智之原也水流踰達為智之原原不
通微不能成智五質恒性故謂之五常矣五物天地之常
氣五德人物之常行五常之別列為五德是故溫直
而擾毅木之德也溫而不直則懦擾而不毅則剉剛塞而
弘毅金之德也剛而不塞則決弘而不毅則缺愿恭而理
敬水之德也愿而不恭則悖理而不敬則亂寬栗而柔立
土之德也寬而不栗則慢柔而不立則散簡暢而明砭火
之德也簡而不暢則滯明而不砭則翳雖體變無窮猶依

乎五質。（人情萬化，不可勝極。尋常竟源，常在於五。）故其剛柔明暢貞固之徵，著乎形容，見乎聲色，發乎情味，各如其象。（自然之理，神動形色，誠發於中，德輝外耀。）故心質亮直，其儀勁固；心質休決，其儀進猛；心質平理，其儀安閑。夫儀動成容，各有態度。直容之動，矯矯行行；休容之動，業業蹌蹌；德容之動，顒顒卬卬。夫容之動作，發乎心氣。（心氣於內，容見於外。）心氣之徵，則聲變是也。（心不繫一，聲和

乃變夫氣合成聲聲應律呂清而亮者律和而平者呂有
和平之聲有清暢之聲有回衍之聲心氣不同
故聲發亦異也夫聲暢於氣則實存貌色非氣無以成聲
聲成則貌應故誠仁必有溫柔之色誠勇必有
矜奮之色誠智必有明達之色聲既殊管故色亦異
狀夫色見於貌所謂徵神貌色徐疾爲神之徵驗徵
神見貌則情發於目目爲心候故應心而發故仁目
之精慤然以端心不傾倚則視不回邪勇膽之精曄

然以彊志不怯懦則視不衰悴然皆偏至之材以勝
體爲質者也未能不厲而威不怒而嚴故勝質不精則
其事不遂能勇而不能怯動必悔吝隨之是故直而不柔
則木木彊激訐失其正直勁而不精則力負鼎絕臏失其正勁
固而不端則愚專己自是陷於愚戇氣而不清則越
辭不清順發越無成暢而不平則蕩好智無涯蕩然失絕是故
中庸之質異於此類勇而能怯仁而能決其體兩兼故爲衆材
之主五常既備包以澹味既體鹹酸之量而以無味爲御五

質內充五精外章（五質澹凝淳耀外麗）是以目彩五暉之光也（心清目朗粲然自耀）故曰物生有形形有神精（不問賢愚皆受氣質之稟性陰陽但智有精粗形有淺深耳尋其精色視其儀象下至皁隸牧圉皆可想而得之也）能知精神則窮理盡性（聖人有以見天下之動而擬諸形容故能窮理盡性以至於命）性之所盡九質之徵也（陰陽相生數不過九故性情之變質亦同之）然則平陂之質在於神（神者質之主也故神平則質平神陂則質陂）明暗之實在於精（精者實之本故精惠則實明精濁則實暗）

勇怯之勢在於筋。筋者勢之用，故筋勁則勢勇，筋弱則勢怯。彊弱之植在於骨。骨者植之基，故骨剛則植彊，骨柔則植弱。躁靜之決在於氣。氣者決之地也，氣盛決於躁，氣沖決於靜矣。慘懌之情在於色。色者情之候也，故色悴由情慘，色悅由情懌。衰正之形在於儀。儀者形之表也，故儀衰由形殆，儀正由形肅。態度之動在於容。容者動之符也，故衰動則容態，正動則容度。緩急之狀在於言。言者心之狀也，故心恕則言緩，心褊則言急。其為人也，質素平澹，中叡外朗，筋勁植固，聲清色懌儀正容直則九徵皆至則純粹之德也非至德大人其孰能與於此九徵有違違為乖戾也則偏雜之材也或聲清色懌而質不平淡或筋勁植固而儀不崇直三度不同其德異稱偏材荷一至之名兼材居德儀之目兼德體中庸之度故偏至之材以材自名猶百工衆伎各有其名也兼材之人以德為目仁義禮智得其一目兼德之人更為美號道不可以一體說德不可以一方待育物而不為仁齊衆形而不為德猋然平淡與物無際誰知其名也是故兼德而至謂之中

庸居中履常故謂之中庸中庸也者聖人之目也大仁不可親大義不可報無德而稱寄名於聖人也具體而微謂之德行德行也者大雅之稱也施仁以親物立義以利仁失道而成德抑亦其次也一至謂之偏林偏材小雅之質也徒仁而無義徒義而無仁未能兼備各守一行是以名不及大雅也一徵謂之依似依似亂德之類也純訐似直而非直純宕似通而非通一至一違謂之間雜間雜無恒之人也善惡叅渾心無定是無恒之操胡可擬議無恒依似皆風人

末流其心孔艱者教化之所不受也乃有末流之質不可勝論是以畧而不槩也蕃徒成羣豈可數哉

體別第二稟氣陰陽性有剛柔拘抗文質體越各別

夫中庸之德其質無名汎然不繫一貌人無得而稱焉故鹹而不鹻謂之鹹耶無鹻可容公成百鹵也與鹹同淡而不䤈謂之淡耶味復不䤈質而不縵謂之質耶理不縵素文而不繢謂之文耶采不盡繢能威能懷能辨能訥居鹹淡之和處質文之際是以望之儼然即之而文言滿天下無辭費變化無方以達

爲節（應變適化期於通物）是以抗者過之（厲然抗奮於進趨之
塗）而拘者不逮（屯然無爲於拘抗之外）夫拘抗違中
故善有所章而理有所失（養形至甚則虎食其外高門縣
薄則病攻其內）是故厲直剛毅材在矯正失在激
訐（訐刺生於剛厲）柔順安恕每在寬容失在少決（
多疑生於恕懦）雄悍傑健任在膽烈失在多忌（慢法
生於桀悍）精良畏慎善在恭謹失在多疑（疑難生於
畏慎）彊楷堅勁用在楨幹失在專固（專己生於堅勁）

論辨理繹，能在釋結，失在流宕。傲宕生於機辨。普
博周給，弘在覆裕，失在溷濁。溷濁生於周普。清介
廉潔，節在儉固，失在拘扃。拘扃生於廉潔。休動磊
落，業在攀躋，失在踈越。踈越生於磊落。沉靜機密，
精在玄微，失在遲緩。遲緩生於沉靜。樸露徑盡，質
在中誠，失在不微。漏露生於徑盡。多智韜情，權在
譎略，失在依違。隱違生於韜情。及其進德之日，不
止揆中庸以戒其材之拘抗。抗者自是以奮厲，拘者自

是以守局而指人之所短，以益其失。拘者愈拘，抗者愈抗。或負石沉軀，或抱木燋死。猶晉楚帶劍，遞相詭反也。自晉視楚，則笑其在左；自楚視晉，則笑其在右。左右雖殊，各以其用，而不達理者，横相誹謗。拘抗相反，皆不異此。是故彊毅之人，狠剛不和，不戒其彊之搪突，而以順爲撓，厲其抗。以柔順爲撓弱，抗其搪突之心。是故可以立法，難與入微。很彊剛戾，何機微之能入。柔順之人，緩心寬斷，不戒其事之不攝，而以抗爲劌，安其舒。以猛抗爲劌傷，安其恕忍之心。

是故可與循常，難與權疑。（綏心寡斷，何疑事之能權）雄悍之人，氣奮勇決。不戒其勇之蹶跌，而以順爲恇，竭其勢。（以順忍爲恇怯，而竭其蹶跌之勢）是故可與涉難，難與居約。（奮悍蹶跌，何約之能居）懼慎之人，畏患多忌。不戒其懦於爲義，而以勇爲狎，增其疑。（以勇類爲輕侮，而增其疑畏之心）是故可與保全，難與立節。（畏患多忌，何節義之能立）凌楷之人，秉意勁特。不戒其情之固護，而以辨爲僞，彊其專。

（以辨博爲浮虛而彊其專一之心）是故可以持正，難與附衆。（執意堅持，何人衆之能附。）辨博之人，論理贍給，不戒其辭之汎濫，而以楷爲繫，遂其流。（以楷正爲繫礙，而遂其流宕之心。）是故可與汎序，難與立約。（辨博汎濫，何質約之能立。）弘普之人，意愛周洽，不戒其交之溷雜，而以介爲狷，廣其濁。（以拘介爲狷戾，而廣其溷雜之心。）是故可以撫衆，難與厲俗。（周洽溷雜，何風俗之能厲。）狷介之人，砭（甫廉反）清激濁，不戒其道之隘

狹而以普爲纖益其拘以弘普爲纖雜而益其拘局之心
是故可與守節難以變通道狹津隘何通塗之能涉休
動之人志慕超越不戒其意之大猥而以
靜爲滯果其銳以沉靜爲滯屈而增果銳之心是故可以
進趨難與持後志在超越何謙後之能持沉靜之人道
思迴復不戒其靜之遲後而以動爲躁美
其愞以躁動爲麁疏而美其愞弱之心是故可與深慮難
與捷速思慮迴復何機速之能及樸露之人中疑實碏

不戒其實之野直而以譎爲誕露其誠（以權譎爲浮誕而露其誠信之心）是故可與立信難與消息（實碯野直何輕重之能量）韜譎之人原度取容不戒其術之離正而以盡爲愚貴其虛（以款盡爲愚直而貴其浮虛之心）是故可與讚善難與矯違（韜譎離正何違邪之能矯）夫學所以成材也（彊毅靜其抗柔順厲其懦）恕所以推情也（推己之情通物之性）偏材之性不可移轉矣（固守性分聞義不徙）雖教之以學材成而隨之以

失。（剛毅之性已成，激訐之心彌篤。）雖訓之以恕，推情各從其心。（意之所非，不肯是之於人。）信者逆信，（推己之信，謂人皆信，而詐者得容爲僞也。）詐者逆詐。（推己之詐，謂人皆詐，則信者或受其疑也。）故學不入道，恕不周物，（偏材之人，各是己能，何道之能入，何物能周也。）此偏材之益失也。（材不能兼，教之愈失。是以宰物者用人之仁，去其貪；用人之智，去其詐。然後羣材畢御，而道周萬物也矣。）

流業第三（三材爲源，習者爲流。流漸失源，其業各異。）

蓋人流之業，十有二焉。（性既不同，染習又異，枝流條別，各有志業有清節家行爲物範有法家立憲垂制有術家智慮無方有國體三材純備有器能三材而微有臧否分別是非有伎倆錯意工巧有智意能鍊衆疑有文章屬辭比事有儒學道藝深明有口辨應對給捷有雄傑膽畧過人若夫德行高妙容止可法是謂清節之家延陵晏嬰是也建法立制彊國富人是謂法家管仲商鞅是也思通道化策謀奇妙是謂術家范蠡張良是也兼有三材三材皆備

德與法術皆純備也其德足以厲風俗其法足以正
天下其術足以謀廟勝是謂國體伊尹呂
望是也兼有三材三材皆微不純備也其德足
以率一國其法足以正鄉邑其術足以權
事宜是謂器能子產西門豹是也兼有三
材之別各有一流三材爲源則習者爲流也清節之流
不能弘恕以清爲理何能寬恕好尚譏訶分別是非
已不寬恕則是非生是謂臧否子夏之徒是也法家

之流不能創思遠圖（法制於近思不及遠）而能受一官之任錯意施巧（務在功成故巧意生）是謂伎倆張敞趙廣漢是也術家之流不能創制垂則（以術求功故不垂則）而能遭變用權權智有餘公正不足（長於權者必短於正）是謂智意陳平韓安國是也凡此八業皆以三材為本（非德無以正法非法無以興術是以八業之建常以三材為本）故雖波流分別皆為輕事之材也（耳目殊管其用同功羣材雖異成務一致）能屬文著

述是謂文章司馬遷班固是也能傳聖人之業而不能幹事施政是謂儒學毛公貫公是也辯不入道而應對資給是謂口辯樂毅曹丘生是也膽力絶衆材畧過人是謂驍雄白起韓信是也凡此十二材皆人臣之任也（各抗其材不能兼備保守一官故爲人臣之任也）主德不預焉主德者聰明平淡總達衆材而不以事自任者也（目不求視耳不參聽各司其官則衆材達衆材既達）

則人主垂拱無爲而理是故主道立則十二材各得
其任也上無爲則下當任也清節之德師氏之任也
掌以道德教道胄子法家之材司寇之任也掌以刑法禁制
姦暴術家之材三孤之任也掌以廟謨佐公論正三材
純備三公之任也位於三槐坐而論道三材而微冢
宰之任也天官之卿總御百官臧否之材師氏之佐
也分別是非以佐師氏智意之材冢宰之佐也師氏制宜
以佐天官伎倆之材司空之任也錯意施巧故掌冬官儒

學之材安民之任也（掌以德教保安其人）文章之材國史之任也（憲章紀述垂之後代）辯給之材行人之任也（掌之應荅送迎道路）驍雄之材將帥之任也（掌轄師旅討平不順）是謂主道得而臣道序官不易方而太平用成（太平之所以成由官人之不易方若使足操物手求行四體何由寧理道何由平）若道不平淡與一材同用好則一材處權而衆材失任矣（譬大匠善規惟規之用則一材處權而衆材失任矣）

材理第四材既殊塗理亦異趣故講羣材至理乃定

夫建事立義莫不須理而定言前定則不惑事前定則不躓及其論難鮮能定之夫何故哉蓋理多品而人異也事有萬端人情舛駁誰能定之夫理多品則難通人材異則情詭情詭難通則理失而事違也情詭理多何由而得夫理有四部道義事情各有部也明有四家明通四部各有其家情有九偏以情犯明得失有九流有七似似是而非其流有七說有三失辭勝理滯所失者三

難有六構彊良競氣忿構有六通有八能聰思明達能通者八
若夫天地氣化盈虛損益道之理也以道化人
與時消息法制正事事之理也以法理人務在寔制禮教
宜適義之理也以理教之進止得宜人情樞機情之
理也觀物之情在於言語四理不同其於才也須明
而章明待質而行是故質於理合合而有
明明足見理理足成家道義與事情各有家是故質
性平淡思心玄微容不躁擾其心詳密能通自然道

理之家也（以道爲理故能通自然也）質性警徹權畧機捷（容不遲鈍則其心機速）能理煩速事理之家也（以事爲理故審於理煩也）質性和平能論禮教（容不失適則禮教得中）辯其得失義禮之家也（以義爲禮故明於得失也）質性機解推情原意（容不妄動則原物得意）能適其變情理之家也（以情爲理故能極物之變）四家之明既異而有九偏之情以性犯明各有得失（明出於真情動於性情勝明則蔽故雖得而必喪也）剛畧之人不能理微

用意麁粗意不玄微故其論大體則弘博而高遠性剛
則志遠歷纖理則宕往而疏越志遠故疏越抗厲
之人不能迴撓用意猛奮志不旋屈論法直則括處
而公正性厲則理毅說變通則否戾而不入理毅
則滯礙堅勁之人好攻其事實用意端確言不虛徐指
機理則穎灼而徹盡性確則言盡涉大道則徑
露而單持言切則義少辯給之人辭煩而意銳
用意疾急志不在退挫推人事則精識而窮理性銳則窮

即大義則恢愕而不周（理細故遺大）浮沉之
人不能沉思（用意虛廓志不淵密）序疏數則豁達而
傲博（性浮則志傲）立事要則爐炎而不定（志傲則理疏）
淺解之人不能深難（用意淺脫思不深熟）聽辯說
則擬鍔而愉悅（性淺則易悅）審精理則掉轉而
無根（易悅故無根）寬恕之人不能速捷（用意徐思緩不速疾）
論仁義則弘詳而長雅（性恕則理雅）趨時務
則遲緩而不及（徐雅故遲緩）溫柔之人力不休

疆（用意温潤，志不美悦）味道理則順適而和暢（性和則理順，故依違）擬疑難則濡愞而不盡。好奇之人橫逸而求異（用意奇特，志不同物）造權譎則倜儻而瓌壮（性奇則尚麗）綦清道則詭常而恢迂。（奇逸，故恢詭）此所謂性有九偏各從其心之所可以為理。（心之所可以為理，是非相蔽，終無休已）若乃性不精暢則流有七似有漫談陳說似有流行者（浮漫流雅，似若可行）有理少多端似若博意者（辭繁喻博）

似若弘廣

有迴說合意似若讚解者外佯稱善内實不知有處後持長從衆所安似能聽斷者。實自無知如不言觀察衆談讚其所安有避難不應似若有餘而實不知者。實不能知忘佯不應似有所知而不荅者有慕通口解似悅而不懌者。聞言即說有似於解者心中漫漫不能悟有因勝情失窮而稱妙辭已窮矣自以爲妙而未盡跌則掎蹠理已跌矣而彊掎蹠實求兩解似理不可屈者。辭窮理屈心樂兩解而言猶不止聽者謂之未屈凡此七似衆人

之所惑也非明鏡焉能監之夫辯有理勝理至不可動
有辭勝辭巧不可屈理勝者正白黑以廣論釋
微妙而通之說事分明有如粉黛朗然區別辭不潰雜辭勝者
破正理以求異求異則正失矣以白馬非白馬一朝
而服于人及其至關禁錮直而後過也夫九偏之材有同有
反有雜同則相解譬水流於水反則相非猶火滅於
水雜則相恢亦不必同又不必異所以恢達故善接論者
度所長而論之因其所能則其言易曉歷之不動則

不說也意在約馬彼俟他日傷無聽達則不難也凡相難講爲達者聽不善接論者說之以雜反彼意在狗而說以馬彼意大同而說以小異說之以雜反則不入矣以方入圓理終不可善喻者以一言明數事辭附於理則言寡而事明不善喻者百言不明一意辭遠乎理雖汎濫多言已不自明況他人乎百言不明一意則不聽也自意不明誰聽之是說之三失也善難者務釋事本每得理而止住不善難者舍本而理末逐其言而接之舍本

而理屈則辭構矣（不尋其本理而以煩辭相文）善攻彊者下其盛銳（對家彊梁始氣必盛故善攻彊者避其初鼓也）扶其本指以漸攻之（三鼓氣勝衰則攻易）不善攻彊者引其誤辭以挫其銳意（彊者意銳辭或暫誤擊誤挫銳理之難也）挫其銳意則氣構矣（非徒羣言交錯遂至動其聲色）善躡失者指其所跌（彼有跌失暫指不逼）不善躡失者因屈而抵其性（陵其屈跌而抵挫之）因屈而抵其性則怨構矣（非徒聲色而已怨恨逆結於心）或常所思求久乃

得之倉卒諭人人不速知則以爲難諭己自久思而不恕人以爲難諭則忿構矣非徒怨恨遂生忿爭夫盛難之時其誤難迫氣盛辭誤且當避之故善難者徵之使還氣折意還自相應接不善難者凌而激之雖欲顧藉其勢無由棄誤顧藉不聽其言其勢無由則妄構矣妄言非訾縱橫恣口凡人心有所思則耳且不能聽思心一至不聞雷霆是故並思俱說競相制止欲人之聽己止他人之言欲使聽己人亦以其

方思之故不了巳意則以爲不解（非不解也當巳出言由彼方思故人不解）人情莫不諱不解（謂其不解則性諱怒）諱不解則怒構矣（不顧道理是非於其兇怒忿肆）凡此六構變之所由興也然雖有變構猶有所得（造事立義當須理定故雖有變說小故終於理定功立）若說而不難各陳所見則莫知所由矣（人人競說若不難質則不知何者可用也）由此論之談而定理者眇矣（理多端人情異故發言盈庭莫肯執其咎）必也聰能聽序（登高能賦求物能名如顡

回聽哭蒼舒量象思能造端子展謀侵晉乃得諸侯之盟明能
見機臾騈覩日動即知秦師退辭能辯意。伊藉荅吳王一拜一起未
足為勞捷能攝失郭淮荅魏帝曰自知必免防風之誅守能待
攻。墨子謂楚人吾弟子巳學之於宋攻能奪守。毛遂進日今日從爲
楚不爲趙也楚王從而謝之奪能易予。以子之矛易予之盾則物主辭
窮兼此八者。然後乃能通於天下之理通
於天下之理則能通人矣。不能兼有八美
適有一能。所謂偏材之人則所達者偏。而所有異

目矣各以所通而立其名是故聰能聽序謂之名物
之材思能造端謂之構架之材明能見機
謂之達識之材辭能辯意謂之贍給之材
捷能攝失謂之權捷之材守能待攻謂之
持論之材攻能奪守謂之推徹之材奪能
易予謂之貿說之材通材之人既兼此八
材行之以道與通人言則同解而心喻同即
相是是以心相喻與衆人言則察色而順性下有盛色

（避其所短）雖明包衆理不以尚人（恒懷謙下故處物上）聰敏資給不以先人（常懷退後故在物上）善言出己理足則止（通理則止不務煩辭）鄙誤在人過而不迫（見人過跌輒當歷避）寫人之所懷扶人之所能（扶贊人之所能則人人自任矣）不以事類犯人之所婟（胡故反良育人言不諱眇瞎之類）不以言例及己之所長（己有武力不與虓虎之倫）說直說變無所畏惡（通材平釋信而後諫雖觸龍鱗物無害者）采蟲聲之善音（不以聲醜棄其善曲）贊愚人之偶

得不以入[illegible]發其嘉言奪與有宜去京言方之壘
氣折謝不悋不避銳跌不惜屈撓方其勝難勝而不
矜理自勝耳何所矜也心平志論無然莫付是於道理
不貪勝以求名期於得道而已矣是丁與論經世
而理物也曠然無懷委之至當是以世務自經萬物自理

人物志卷上

華東師範大學985工程項目